大衆心理學全集

吳靜吉博士策劃

計劃五年出齊三〇〇冊・每冊都解決一個或幾個你面臨的問題

100

一個女人的成長

一個女人的成長

作　　者／薇薇夫人
策　　劃／吳靜吉博士
主　　編／大衆心理學全集編輯室
責任編輯／游乾桂
發 行 人／王榮文
出版發行／遠流出版事業股份有限公司
臺北市10714汀州路782號七樓之五
郵撥／0189456-1　電話／392-3707
電傳／341-0760

印　　刷／優文印刷股份有限公司
臺北縣土城鄉永豐路195巷29號　電話／262-2379

□1987(民76)年6月1日　初版一刷
□1991(民80)年4月16日　初版三十刷

行政院新聞局局版臺業字第1295號
售價125元　(缺頁或破損的書，請寄回更換)

ISBN 957-32-0030-9

一個女人的成長

薇薇夫人著

遠流出版公司

《大衆心理學全集》出版緣起

王榮文

在一個充滿社會壓力與人際關係的世界裏，已經不容許「心理學文盲」的存在！你對心理學的認識與體會，將決定你能否在文明社會中活得下去，活得快樂，活得有尊嚴！

臺灣在近幾年，心理學的地位突飛猛進。不但社會大衆對心理學知識的需求日益殷切，心理學與經濟學，更並列爲臺灣當代兩大「顯學」，上自達官資本家，下至販夫小職員，都欲一窺究竟，引爲隨身利器。

心理學的勃興，在臺灣社會可能有其特別的時代理由：

第一，臺灣社會日趨進步，羣體生活則日漸複雜。社會壓力與人際摩擦在在使現代人難以透氣，人人都渴望尋找自我教育、完成個人目標的途徑。

第二，臺灣的企業活動日益繁盛，商業社會的特質呼之欲出，然而，一切企業管理不離「人性因素」，在商業社會中想要脫出競爭，管理他人，就得掌握了解人的學問不可。

不論是基於前者尋得個人安身立命的「消極動機」，或是後者尋求個人在社會上進步發展的「積極動機」，心理學都是一門有幫助、有用處的知識。

可惜的是，在臺灣，心理學的一端藏於學院門牆之內，凡夫俗子緣慳一面；心理學的另一端卻在大衆傳播媒體中，把普通常識略事包裝後出現，並未給予大衆眞正的幫助。

在這樣的環境前提下，遠流出版公司提出一個「大衆心理學全集」的計劃，希望不失心理學嚴謹性的原則，編輯一套平易近人，可以流傳大衆的心理學叢書。

這套叢書計劃又分雙線進行，一條路線是搜尋坊間曾經譯著出版的大衆心理學著作，重新整理歸納，使其中的佳作得以滙爲巨流，成爲取之不盡的知識泉源。另一條路線則邀請心理學名家，譯著大衆心理學作品，自成系統。

遠流出版公司的「大衆心理學全集」編輯計劃，預備在五年之內，出版三百種深入淺出、人人可讀的通俗心理學著作。每種著作除由專家學者編寫校閱外，並由本社的編輯室撰寫報告一篇，做爲讀者之「導讀」。

「大衆心理學全集」的編輯工作，由心理學家吳靜吉博士領導並策劃，在遠流出版公司成立「大衆心理學編輯室」，編輯室的編輯小組除了執行編纂工作，並共同或輪流撰寫「編輯室報告」。此外，遠流出版公司更邀請國內外知名心理學家多位，組成「諮詢委員會」，爲全套叢書擔任選書、顧問、觀察心理學研究動態等工作。

這樣的編輯構想，加上這一組傑出工作人員的努力，深望能提昇臺灣社會大衆對心理學的整體認識。我們除了自我砥礪之外，更盼望在編輯計劃進行過程中，能夠不斷得到各界方家以及讀者大衆的反響與指正。

編輯室報告

甫出娘胎的寶寶，只要一經證明爲女性，她的一生卽離不開「女人」這個角色了。女人，在傳統的觀念中，不斷被描述成溫柔、體貼、善良、嫻淑的角色。其實，不僅男性如此認爲，就連女性自己也常顯示出這樣的特徵，例如：

- 傳統女性以為自己對家務有完全的責任。
- 傳統女性會留意到男性所忽略的家庭瑣事，如污垢、灰塵、蜘蛛網等。
- 傳統女性常會從料理家務中肯定自我。

不過，如此傳統的角色已逐漸產生蛻變，尤其是新女性主義提倡以來，這種蛻變更是劇烈。她們一方面得扮演妻子、母親等傳統角色，另一方面又須和所有男人一樣，接受嚴苛的生活挑戰，甚至扮演稱職的職員或上司，這的確是項「趨避衝突」。由於這種衝突的日益普遍，間接地觸動了薇薇夫人撰寫《一個女人的成長》的構思。

在《聯合報》萬象版連載期間，不僅獲得廣大女性的回響，就連男性也稱許不已。更令人訝異的是，男性讀者似乎更贊成《一個女人的成長》專欄中的種種看法，這可眞是始料所未及的。《一個女人的成長》中，薇薇夫人顯露了一個頗爲新穎的觀念——「**成長從幼年做起**」。這本書以春、夏、秋、冬呼應出一個女人的成長歷程，其中「**春篇**」代表的是初長成的少女時期，探討此一階段的交友、戀愛、聯考、生活禮儀及如何防止性騷擾等問題。

「**夏篇**」所象徵的是，結婚以後，但未生兒育女的階段。「百年修得共枕眠」之後，是不是事事愉悅？當妳跨越了人生的這道分水嶺後，妳所面臨的將是另一層的挑戰。本篇所要探討的即是，婚姻中迭來的種種問題。

「**秋篇**」則意味着爲人母的階段，主要探討婚後的角色扮演。常聽說，當女人眞難，其實當母親更難，尤其是教養這項「大事業」上，她總是精疲力竭的。對於此薇薇夫人將以精闢的見解，告訴妳如何做個稱職的媽媽。

「**冬篇**」則代表着四十歲以後的女性。中年期，薇薇夫人稱它爲第二度的「青春期」，因爲它又將是另一次身、心的劇變，本篇將探討的主題有：更年期的憂鬱症，單身女性的再突破，婦女的再進修，如何擁有亮麗的中年生活，以及如何爲老年生活做準備等等。

寫了多年的專欄，薇薇夫人形容，這是她覺得最具意義的一本書。她憑着自己獨樹一幟的筆調，精密的剖析，以及正確的觀念，傳達出既現代又不失傳統的理念，鼓勵現代婦女於成長中，做一個快活、有智慧、有技巧、懂得安排自已的女人，相信讀後定會令您有如飮清泉的快感。

薇薇夫人目前任職聯合報系的《世界日報》，亦是《聯合報》的專欄作家及華視「今天」節目的主持人，着有《情感與人生》《愛的問題》等書（游乾桂執筆）

一個女人的成長

目錄

第二篇　夏：成熟季節

第三篇　秋：養兒育女

〈變調的母親〉

第四篇　冬：不變老，只變好

心理學語錄

能接納自己、尊重自己的人，才有機會走向自我實現。

〈專文討論〉

我如何見證「一個女人的成長」

吳靜吉

認識薇薇夫人就是見證「一個女人的成長」。

十三年前我同國在政大教書，第一次參加校外的座談會，是女青年會主辦的。與會者有名心理學家楊國樞、鄭心雄兩位教授，還有一位名滿臺灣的專欄作家薇薇夫人。由於多年不在國內，我竟然「有眼不識泰山」，不知她的成名事實。她在會中現身說法勸告年輕人不要在乎缺點，她說她的腿上有個疤痕，她不在意，別人也就不在意。待我說話時，我特別希望年輕人了解：薇薇夫人的「怡然自處」的建議，便是人本心理學家所推崇的適應原則。不過她個人的例子不具說服性，因爲她是上帝特別眷顧的那一型——外表條件優良，而腿的疤痕是小事。這個例子對疤痕長在原本已是不好看的臉上的人，是必須註解的：當事人必須發揮自己的優點，「怡然自處」的原則才能落實。

我們眞的是不打不相識。之後不久，我受邀在她主持，鄭淑敏製作的「今天」節目上負責每週一次的「心理與生活」講座。從此我們三人不僅同事，而且成爲知己，朋友的圈子也越滾越大。根據鄭淑敏和樊曼儂的說法，她在朋友中是怡然自處的，永遠與世無爭。然而在剛認識時，她還是滿在乎別人的評語；於是她儘量在言談在儀表上「未老先衰」——塑造抗戰時期飽經風霜的媽媽形象。年輕好像就會招惹誰似的。

成熟中的年輕就是成長的象徵；年紀的增加代表經驗的累積和智慧的成熟，而年輕卻代表活力、好奇、冒險、赤子之心。擁有一顆年輕的心，即使禿頭的男人，也都會洋溢童心未泯的氣息。這樣的氣息形於外之後，整個外表看起來都會比實際的年齡小很多。朋友都說：「薇薇夫人越來越年輕，這就是成長的見證。」

一個女人能夠在成熟中年輕，對自己就會有自信；而這些自信、穩定、赤子之心的特質，很快就會感染給周遭的人物。在「一個女人的成長」的專欄中，薇薇夫人有其獨立自主的立場，卻從來沒有責怪任何一個年齡、性別、宗教等等的羣體。她是樂觀與寬容的。

她的知名度曾經帶給她的子女在某一個成長階段的困擾。十五歲到二十歲的階段是年輕人追尋自我的發展期，這是所有成人必經的階段；她的孩子也不例外。他們希望別人尊重他們，而不是因爲愛屋及烏。看着她一女二男長大的朋友，都驚喜的看到她的孩子在成長過程一個個肯定了自我。他們對媽媽這些很有主見的朋友，不僅怡然自處，偶爾還一針見血看破長輩的世界。朋友也確實佩服薇薇夫人尊重子女，可以和子女促膝而談的言行。

可是最讓朋友羡慕的是他們夫婦的關係，儘管她對世界的新知和舊聞越來越好奇，她卻能始終不變的欣賞她先生——在輔仁大學敎授近代史的周徵敎授。我們從來沒有聽過她抱怨家庭、先生的一句話。朋友也都知道，結婚二十幾年來，她們夫婦幾乎每個星期六、維持婚前約會看電影的習慣。藝術界的朋友經常大聲疾呼：「我們要接近自然」「周遊各國」；他們不聲不響地，就住進了山林的房子，周遊各國去了。

朋友有難時，她永遠不疾不徐穩定朋友激動的情緒，所以鄭淑敏說：「跟她在一起很舒服。」樊曼儂說：「跟她在一起很愉快。」

那麼，什麼是女人成長的條件呢？首先，女人必須先把自己看做人，再看做女人。這樣的人必須走向自我實現：悅納自己、尊重自己，進而悅納別人、尊重別人。作爲一個已結婚成爲媽媽的女人，那就是悅納自己做一個女人的角色、媽媽的角色、妻子的角色，更進一步尊重這些女人擁有的角色，悅納並尊重丈夫、子女及公婆。

一個女人的成長就像一個男人的成長一樣都需要培養幽默、自處、自信、就事論事、樂於求知、關懷社會等等的特質；薇薇夫人在這一本書中就是以個人成長的歷程做爲參考架構，再以讀者的經驗和她自己觀察的事實爲證據，運用散文的方式表達她的理念和建議。

認識薇薇夫人十三年，我眞的是看着她「長大」的，希望她的成長例子，能夠增加願意再成長的女人們的信心、力量、機會和方法。

作者序

薇薇夫人

一個生命只要不受過斲傷，有足夠的營養，他的身體就會自然成長，十歲是十歲的樣子，二十歲是二十歲的樣子。但是心理的成長卻不一定都那麼「理所當然」，過早成熟的人可能二十歲時的心理成熟度已經是三十歲了，而成熟太晚或甚至不成熟的人，六、七十歲時某些言行還一如十歲孩童。這也就是爲什麼我們能很顯著地看見生理醫師把病治好，而心理醫師治病卻艱辛而不一定能「妙手回春」。

當然心理不成熟不一定是病，一個心理不成熟的人只是自己活得不好，也極可能讓他最親近的人跟着活不好而已，不是致命的。這種「病例」我接觸過的已不下於百件，尤其是女人的。女人處在這個「多元化角色」時代，一方面甩不掉傳統的賢妻良母角色，一方面又要奮勇地躋身於發揮自我的新時代女性行列。這不但需要有極良好的適應能力，也需要心理上的不斷成長和成熟，否則不是疲於奔命染上「女强人併發症」，就是退縮而自怨自艾。

我是一個女人，並沒最天生的「適應女人多元角色」的智慧，所幸我一直都像一塊缺水的海綿那樣貪婪地吸取知識，並感謝父母給我一副正常而健康開朗的性格，這兩項幫助我的心理成長、成熟。我常把自己的體會和經驗告訴讀者朋友，同時也從他們的認知和肯定來確立一些原則的正確性，專家們的理論常是我們研討的話題，我們用眞實的生活來印證這些理論。

一個成熟的人必定是個自在的人，他在路邊攤吃一碗魯肉飯不會自卑難爲情，同樣的在豪華大酒店吃一席山珍海味也不會驕傲得意。一個成熟的女人不結婚的話，可以自在的過單身生活，結婚的話也不會埋怨婚姻埋葬了她的才能；做純家庭主婦的話，她能怡然自得，做個事業有成的職業婦女也不會自大自傲；不生孩子的話，她不怨天尤人，生了孩子也不會慨嘆媽媽難爲。她知道每一種角色的意義和責任，也很清楚選擇了一種或多種角色後，怎樣去演好。

成熟的心理就應該和生理同步成長。童年父母教養的態度和觀念對人的影響深遠，已有很多的專家學者著書立論，研究探討。所以決定在《聯合報》專欄中以「

一個女人的成長」爲系列寫作主題時，就決定從人有生命並已形成女胎時寫起。就常常感謝思想和觀念都十分前進的父親，是他，從不以無子爲憾而讓我以爲生爲女人是無奈；是他，從不說女孩子該如何如何而讓我以爲女人就不該如何如何。在這樣眞正不受性別歧視的基礎上，我的心理成長有了最合理的導向，這對我成長後，「適應女人多元化角色」的能力大有幫助。

「一個女人的成長」在《聯合報》刊載期間，常常接到讀者的來信，百分之八十是女性，奇怪的是那百分之二十的男性反而大都同意我的看法，而百分之八十的女性中卻有少數認爲我（以及所有呼喊男女平等的人）使得一些本來好好過日子的女人，從此不好過起來。我的意見和建議當然是可以批評的，但是男女平等的人性觀卻是不可推翻的眞理。至於那些「本來好好過日子的女人」，爲什麼會不好過起來，這當中又大有可探索的問題了：是她們沉睡的自我甦醒了嗎？是她們停頓的心理再度掙扎成長了嗎？而我深信眞正成長到成熟以後，一個人就會在任何環境裏都自在自得的演出他的角色。

至於這本書要出「遠流版」，我就必須提到兩位眞正心理成熟的出版家——大地出版社的姚宜瑛女士和遠流出版社的王榮文先生，他們同意兩家都出版，因爲他們有不同的讀者羣。大地版暫且收到「準備做母親以前」這篇爲止，遠流則在一年半以後彙集了最後一篇「讓位給別人」。我幸運地認識這兩位不爭的出版家朋友，證實了我常說自己幸運的話。

最後引述吳靜吉博士在大地版中一段序言作結束：

「那麼，什麼是一個女人成長的條件呢？首先，女人必須把自己看做人，再看做女人。這樣的人必須走向自我實現；悅納自己、尊重自己，進而悅納別人。作爲一個已結婚成爲媽媽的女人，那就是悅納自己做一個女人的角色、媽媽的角色、妻子的角色，更進一步尊重這些女人擁有的角色，悅納並尊重丈夫、子女及公婆。」

正由於我是幸運的人，我更應該爲所得到的一切而感謝，包括所有給我幸運的親人、朋友和讀者。

七十六年四月

第1篇　春：有女初長成

提要

小女孩長大了，開始面對五光十色的社會。

春天，是播種的季節，你加入了男性社會的競爭行列，妳一次、兩次的遭遇感情的困擾；然後，藉著重重的挑戰，歷練再歷練，琢磨再琢磨，辛苦播撒的種子慢慢發芽了。

妳知道，妳是自己命運的工程師；而且妳已經打下了穩固的地基。

〈篇頭語〉

打好基礎爲將來

在這一篇裏，我要討論女孩子本身對生命、感情、自我等等的態度，因爲活到高中年齡階段，已離成年不遠，要開始準備獨立了。

一般說來，由於我們的父母對孩子保護過度，以及大部分青年都沒離開學校，所以比起國外同年齡的年輕人獨立要晚。這情況說得好是比較單純，說得不好是比較幼稚。在大學聯考的壓力之下，大多數年輕人除了學校功課以外，幾乎不再讀什麼書，甚至連看報的也不多。若看也只是針對聯考可能會出「報上的題目」。他們生活大都平淡乏味卻極緊張，圈子也很狹小。如果抽去了考試，就是貧乏而蒼白。在這一點上，就業的年輕人卻眞正接觸生活了，也比較獨立成熟得多。

其實在「讀功課」以外，應該從課本上抬起頭看看我們生活的大環境、關心社會上發生的事情、盡自己的力量約集同學用行動付出關懷。有些學校服務性的社團做得很好，相信對學生會有很好的影響。

尤其女孩子，要學習放開眼界看人生，因爲未來的世界，女孩子不可能像過去那樣活在男性的「保護」之下了。雖然這個階段會特別注重自己的外表，長一粒青春痘就睡不着覺，或是胖了一公斤就拒絕吃飯，老是從自己外表上找缺點；但只要在精神上有很好的專注方向，同時眼光放遠放大，就不會過分爲外表苦惱了。我不贊成現在女生的髮式，也不喜歡現在制服的式樣；然而我更不贊成爲了多留半公分長的頭髮，或短一寸的裙長而花很多時間、精神跟教官捉迷藏。**青春易逝，在年輕時可以緊緊把握學很多東西，這是永不會變的眞理。**頭髮和服裝都有可以隨心所欲的一天，學習時機一失去就難再有了。未來的女性一定是「內涵重於外表」的，因爲她們要肩負和男人同樣的重任。所以從現在起，要打好基礎。

〈初入社會〉①

奉獻服務，生命更豐盛

約有一百多個青年，女生佔大多數，席地而坐，又笑又唱又跳，興高采烈，細雨一點也不影響他們的歡悅。他們是「快樂兒童中心」的義工，每年一次表揚資深義工的聚會。有人已做了五年義工（按北市政府的標準，滿三年的社工就可接受表揚了），有人從婚前做到婚後，年齡最長的一位，子女已上大學。

我跟義工之「姐」鄧佩瑜在他們歡樂的圓圈外面閒談，知道這些各大專院校來的義工，有好些已因有共同的價值觀、共同的對社會服務熱忱而結爲情侶、結成夫妻。這當然是意外的收穫。事實上，**義工雖是服務、奉獻，但他們心靈上獲得的，絕是金錢買不到的。**

義工在近年來已不是個新名詞，只是各種服務機構在徵求義工時，大都是「陰盛陽衰」。女性參與的比例一向就高，有人說男性的野心比較大，不大願意做既無升遷機會，也無「調整薪水」的義工。姑且不論這原因究竟對不對，義工的確是值得年輕人在生命鼎盛時期，找機會去參與一段時間的工作。雖是女性比男性熱心，我仍期望有更多的大專年齡女性參與。因爲女性比較容易受情緒困擾，比較容易鑽牛角尖，容易受生活環境中各種事物干擾。所以很多女性寫信向我傾訴的問題，老實說一般都太瑣細，太不值得痛苦不安。如果能把關心的觸角從自我廣伸出去，看看自己以外的世界，了解別人的生活，進而奉獻一點自己的力量，去替別人做事，替別人解決一點問題，那心中天地一定會變得更加廣闊。也就是說從基本上可以變化我們先天的弱點，像心胸較窄、眼光較短等等，好有更寬宏的氣量，更堅實的心性來承擔女性未來可能比男性更多的挑戰。

奉獻服務的觀念和習慣養成以後，往長遠看是終身受益的。現在有太多中老年婦女陷入生命中的低潮，事實上生理的影響極少，大多數是心理上過分自我中心、自憐、自怨，結果自己活不好，家人跟着受罪。人誰不老？未雨綢繆是必要的。

〈初入社會〉②

選擇生活方式的智慧

因爲很多女性獨立的能力提高，因爲很多女性不再「妻以夫貴」，「一不定要結婚」的觀念現在不再是「荒誕」的。更由於醫學技術發達，女人可以沒有丈夫而有孩子，所以現代女人眞的「不一定要結婚」。

但是幾千年的婚姻制度不是那麼容易瓦解的。更明顯的一點是，不是每個女人在心理上都能正常地接受不結婚的生活。通常是在離三十歲還遠的年齡，「不一定要結婚」的觀念隱隱然影響着一些所謂「條件不錯」的女孩，不屑於談婚姻兩字。覺得這是俗不可耐的生活方式，理想的生活雖不一定是「不食人間煙火」，至少不埋葬在柴米油鹽、奶瓶尿布之間。對每一個追求的男孩，總能挑剔出一大籮筐的毛病來。

在學校功課好、活動能力强，到社會上也是幹練的職業婦女，收入可以供自己過中上的生活，接觸的人也廣，傳統的結婚生活更是不看在眼裏。當然這未嘗不也是一種生活方式，而且頗有吸引人的地方。但是有不少這樣的女性一到三十歲以後，似乎仍然掙脫不了傳統婚姻制度的陰影，無法像男性那樣眞正的洒脫，眞正的沒有壓力。

也有眞不在乎婚姻的女性，她們活得充實而自在。不過到目前爲止，我知道的還是少數，她們了解生活，並有解決自己問題的智慧。對於一般女生來說，要很誠實的面對陰影和壓力，可能並不容易。

所以**在能戀愛，並能有機會戀愛的年齡，不要刻意拒絕；在能結婚，並且有機會結婚的時候，不要輕視婚姻**。我見過不少女孩從百般苛求戀愛或結婚的對象，到渴求能有一個對象，這種心情是何等的痛苦。

世上很多事强求固然不幸，但偏激的摒棄也是不幸。婚姻生活也許是很俗氣的，然而我們要有自知之明，知道自己能不能過不俗氣的生活。在結婚不是女人唯一的路的今天，我們多了選擇的權利，更需有選擇的智慧。

〈初入社會〉③

受高等教育女性的責任

每年有成千上萬的青年擠大學窄門。擠進去的，固然別人看他像頭頂上突然長了光環，自己也得意十分；但失望的竟然也大有人在。不是考上了不理想的學校或科系，而是大學生活讓他們失望。有些女孩告訴我她們迷惑、矛盾，甚至不能適應。我覺得這是很好的人生態度，女性要有思想才能挑起未來的擔子，而「存疑」也可以說是思想的雛形。未來的女性無論是在家庭或辦公室裏，沒有思想都是很難勝任的。

最最困擾她們的是「沒想到大學女生這樣膚淺」，因爲在一起不是談那家百貨公司正在大減價，就是談妳又胖了我又瘦了，要不然就是電影明星，或誰的男朋友如何；而困擾中的困擾是：自己也不見得比她們有深度，也對這些事情有興趣。因此一方面想掙脫，一方面又想「入夥」。

有個女生天眞地說，實在有時也滿討厭自己的，但是走向成熟的路在那裏呢？「瓜熟蒂落」是大自然中成熟的程序，人的成熟也有程序，其中有一部分是修鍊。平心而論，在平安舒適中長大的這一代，的確成熟得很晚，甚至生澀到老，永不成熟。縱然有幸接受大專教育，也沒有把這些教育變成肥料，促進成熟。所以膚淺的大學生可不少，而女生更多。

那扇窄門多難擠進啊，怎可以不眞眞實實抓住短短四年，讓自己化生澀爲成熟，由膚淺變得有深度。**我們老說要提升人的品質，而一個有思想的女人，正是能實現這種理想的動力之一**。受高等教育的女性，應是責任更重的吧！

〈初入社會〉④

如果妳無法升學

署名「一羣作業員」的女孩來信說，「一個女人的成長」專欄，似乎偏向於談在校女生遭遇的問題，對不幸無法升學的女孩比較不關心。她們問我是不是看不起她們。

當然不是的！事實上我本身可以算是一個敬業的人，我也眞正尊重每一個認眞工作的人。尤其是年輕人從事勞力工作的，我常常很感動。覺得她們這樣吃苦辛勞，卻肯守住工作不到街頭混，不受誘惑而好逸惡勞，實在是了不起。

無法升學可能有幾個原因，譬如家庭經濟或父母觀念（尤其是對女孩子）、個人性向不適合研究學問，甚至「考運」太差等等。但是**無論什麼原因沒有繼續升學，最重要的一個心理認識是：絕不自卑，更不自棄**！我不否認世人多的是勢利眼，也親見不少人對待勞工階層的態度。這些人基本上是不懂得尊重生命的，也很難教育他們，因此不必寄望他們改變態度。

在世俗標準下，社會地位較低的人要能不自卑、自棄，必須經過不斷的「修鍊」。譬如工廠的女作業員，很多先替自己的身分定下標準，以爲自己微不足道，怎比得上那些讀高中又讀大學的女孩子？其實只要在自己的工作崗位上盡了責，對國家社會的貢獻絕不亞於她們。妳們奠定了穩固的基礎，她們才能在基礎上發展。這不是唱高調，而是事實。有了這種了解，就可以對勢利眼置之一笑。

其次要永遠不間斷地自修充實自己。自修可以是找機會讀夜校，也可以是買書自己讀。不要花太多時間讀那些花花綠綠的雜誌，也不要花太多時間讀那些明星歌星私生活的報導，那都不可能充實知識和內涵。要在職業以外，找一兩項自己的興趣，然後花時間和精力來培植這興趣，也許會讓妳有一天在這些興趣上結出成果（譬如寫作）。有了可以讓妳更有成就感的東西，生活及生命一定有不同的意義。而這些並不是能從學校裏學得到的，這就是爲什麼一個大學畢業的女生，也可能生活在一片空白和空虛裏的原因！

〈初入社會〉⑤

大學門外的女孩

今年（一九八四年）年初，新加坡政府頒行了一項可能是全球獨一無二的新政策，特准大學畢業婦女的兒女，優先進入最好的學校就讀。李光耀總理並且呼籲受過高等教育的婦女多生兒女，理由是她們有足夠的收入，教育水準和遺傳基因生出智慧較高的兒女。這新政策當時在我們這邊也掀起了不小的漣漪；而我個人是贊成「新加坡大學」學聯請願書上反對的理由：「不願，或沒機會，或環境不許可進大學的人，智慧跟大學生是一樣高。」

我更認爲沒有進大學的婦女，同樣可以生育出高智慧的子女，甚至可以把子女教養得更好。我曾提出有幸接受高等教育的女性，有責任在三四年的學府生活中好好充實自己，因爲高等教育如果眞正徹底吸收了，是可以提高自己的品質；但是談到教養孩子，卻絕不是那麼單純的。

沒有機會接受大學教育的女性，在實際的生活教育中，可以因接觸面廣而培養出凡事從多方面觀察、了解的能力，也可以從工作的磨鍊中培養凡事要有耐心處理的能力，而這些都是教養孩子不可缺少的。

但是大學內和大學外的女性，該有一個共同的原則，就是不斷充實，不斷學習，不斷成長，才能在「現代女性」的行列中，跟得上步伐。

未來的時代由於競爭激烈，是不會像過去那樣有情的，凡事要靠自己。

我常覺得沒進大學並不是終身遺憾的事，混過了最好的學習機會才是遺憾。雖說活到老學到老，但不可否認，年輕仍是學習的最好時機。

自暴自棄是最可怕的心態，那等於從根腐爛。年初李光耀的那項新政策炒得熱鬧時，我聽到受過高等教育女孩的自得意滿，也聽到沒進大學門的女孩怨嘆，其實不努力結果都是一樣的。

〈初入社會〉⑨

女性的友誼

「女性不容易彼此成爲肝膽相照的朋友」「女性最大的敵人就是女性」等這一類批評女性不能互助合作的話時有所聞。其中倒也不無幾分眞實，甚至有人說，女人在讚賞另一個女人時也是帶着刺的。這種心態不知是不是千百年來，女人必須努力突出自己的優點，貶抑別人的優點，才能在男性社會中鞏固（或謀求）自己的地位。想想看，在《紅樓夢》的大觀園裏，那些美裙釵哪個不是各有不同的才貌，但爲了一個賈寶玉，這些美才女就很難肝膽相照，結成知交了。

但是今天的女人不必再有那種「恐懼」了。女人的路多了，也寬了，不再只有「大觀園」那樣狹小的天地，也不再只扮演「等待男人」那唯一的角色。而**更重要的是在路多了、寬了以後，就需要有朋友携手同行**。需要眞正的朋友，能互相幫助、了解、欣賞，甚而結成「死黨」般的患難與共，就更能在情緒的紓解上和工作的需要上，彼此受益。

據說描述女性友誼和女性共同合作事業的電視影集，最近在美國大受歡迎。這些影集都是以兩個女主角爲中心人物，有的是女警合作辦案，有的是工作上和家事上（住在一起）互相扶助。她們向觀衆展現了女人也能像男人一樣，成爲互敬、互愛、互助的朋友。很多人了解今天女性的處境和需要和過去完全不同。我們既然像男性一樣成爲自己的主人，同時像男人一樣在社會上工作（純家庭主婦的處境和需要也跟過去完全不同），就要學習男性怎樣跟男性相處、合作，才能有像他們一樣的成就。

年輕時不妨多多留意一些志同道合的同性朋友，試着談些化粧品和流行服裝以外的書。當然，如果對這些特別有興趣，也未嘗不可把它當成未來的事業，談得更徹底。年輕有熱情，有理想，更容易交到朋友。只可惜很多女性在年輕時交了些知心好友，一結婚友情就逐漸消失。

〈初入社會〉⑦

不是哭的時候

聽說一個女孩在受到上司輕薄時，嚇呆了，任憑對方凌辱，過後才回復神志嚎啕痛哭。

聽說一個女孩在醫院看病時，被醫生在動作和語言上戲弄，當時明知受辱卻不敢有任何反抗，直到回家後越想越委屈，才哭個肝腸寸斷。

聽說……

只要聽說的是這類故事，大多數的女孩反應都是驚惶、呆怔，然後是傷心屈辱泣下，這時眞不由得長嘆一聲那句名言：「弱者，你的名字是女人！」

哭，本來是紓解情緒的管道之一，不論男女，「能哭」都很好，不會把積鬱變成「心病」。但是女孩子在碰到這樣的「性傷害」（已不止是騷擾）事件時，哭就沒有任何實質上的力量，也不能解決任何問題。中國的俗話：「人善被人欺，馬善被人騎。」在某些時候還頗有道理，縱使在一個家庭裏，特別善良老實的孩子，往往也會被家人欺，甚至父母也會犯這種「無心的過失」。强悍機靈的人比較能保護自己，在家裏反而特別受到父母的寵愛，實在是不公平的事。

但人受性格左右，也常是無奈。不過有些事情可以從別人的經驗中，學到對付的方法。譬如說多看報章雜誌上的報導，知道哪些情況會發生危險、哪些跡象要多多提防，萬一不幸事實發生了，怎樣做比較好？無知往往是最大的陷阱，而且掉進去了還不知道怎麼回事。**多知道一些就多一點預防的常識；能預防絕對是勝過事後任何的補救。**

善良可以有幾十種美德，但不包括怯懦和遲鈍。在這個社會裏，女孩子最好能時時保持冷靜鎭定，培養隨機應變的能力。當然，也不必神經質到男人看一眼就認爲對方有不良企圖的程度，絕不是所有的男人都那麼品德低賤的。過度的矜持會拒人於千里之外，對工作和情感都有阻礙；怎樣恰到好處，全在自己的觀察、學習和體會。

不要除了哭什麼都不會，徒然讓人佔了便宜，自己受盡委屈。

〈兩性的戰爭〉①

欣喜中心存警惕

任何一個有理性的人，在考慮到男女平等這個問題的時候，一定期盼的是男女和諧相處，共同創造人類更美好的生活；而不希望男女競爭激烈，誰非要把誰壓下去不可，因爲被壓制的一方永遠是要反抗的。人類只有男女兩性，任何一性成爲弱者，就是人類生活的大缺陷。

最近在《民生報》上，讀到臺大教授余德慧和東海大學教授張文雄合作研究的「臺灣大學生心理健康的變遷分析」，以臺大和另一所大學十多年來累積的四千多名學生資料爲標本，採用柯永河設計的性格量表進行心理健康研究，發現大一男生近年來性壓抑升高，有女性化傾向；而大一女生的情緒失調，性壓抑逐年降低，獨立性增强。

另外讀到一篇報導是，臺大教授廖榮利用一年時間，對五百四十名各階層婦女進行調查研究，在「臺灣婦女角色變遷與女性人力發展報告」中，發現有三分之一的女性認爲，現代女性外出工作才能顯示現代婦女的尊嚴和權利，職業婦女工作爲重，家庭次之。但是反對這種看法和持中立態度的也各占三分之一。有百分之四十七的女性表示，可以追求事業而不必以結婚作爲必要的歸宿。雖然在私人企業工作的女性，有百分之六十認爲薪資與男同事有別，升遷機會也受到影響。但是百分之六十的女性不認爲未來十年間需要新的婦女運動，部分女性更强調，臺灣地區不需要婦女運動來爭取女權。

這些學者的調查研究報告，在我這個女性看來，不免亦喜亦憂。女性從幾千年的壓抑、委屈下，逐漸自覺、獨立，當然是好的。但是我又不由得想起在七月號《讀者文摘》上讀到一篇「女性不要太威了」，其中提到很多女性說「現在的男人沉悶無味，他們意氣消沉，無精打采」——缺乏我們曾經認爲是男性的特徵——特殊的活力、生命力、熱忱、自尊心。

女性在欣喜當中，最好心存警惕，不要太過偏激，男人都無味時，這世界也就沒什麼意思了。

〈兩性的戰爭〉②

爲什麼男性總是做得更好？

有句聽過無數遍的話：爲什麼世界上最好的厨師和裁縫師都是男人？這不都是你們女人擅長的嗎？

同樣的感觸也常出現，最近的一次是「聯合報第九屆小說暨附設散文獎」揭曉以後。因爲「寫作適合女性」的觀念十分普遍，但是全世界的大文豪幾乎都是男性。《聯合報》連續九年的小說、散文獎，從評審到得奬者，女性占的比率可以說是點綴性的，微乎其微。

提出這樣的感觸，絕無酸葡萄心理，更沒有「男人能，女人爲什麼不能」的憤慨；只是覺得站在一個女性立場，其中自有很多值得深思，甚或反省的地方。女性常抱怨婚姻是埋沒才能最大的原因。沒錯，如果就發揮才能來說，婚姻對男女的確是最不公平的。男性的大文豪可以有使他無後顧之憂的賢內助，女性卻只得爲了專注於志趣而無奈地選擇單身（不結婚或離婚）。

但是每屆得小說、散文獎的作者，大都是年輕的未婚者，也可說是人生沒有婚姻「困擾」的階段。在這個階段，爲什麼女性的成績仍大不如男性？當然，若要分析深一層的「爲什麼」，可以追溯到人類的發展史，以及女性的發展史那麼遠。然而作爲一個現代女性，我們不妨「切斷」那些被壓迫、被輕視的歷史，從自己這一代開始，檢視我們的缺點，尤其是接受高等教育的女性，相信更有這種深思及反省的能力。

就拿寫作來說，我們是不是吸收的知識和見識都太狹隘？是不是關心和注意的層面都太膚淺？是不是對生命的追求都太短近？因此我們寫不出有深度的東西。儘管寫作只不過是人生千千萬萬條路中的一條，但是「從一粒砂看世界」，**女性要達到眞正和男性「並駕齊驅」**，**則在每條路上都要付出同樣的努力。**

〈兩性的戰爭〉③

自信才有平等

和一位來訪的女記者談到自己對服裝的看法，以及穿衣服的習慣等等，她突然問我：「妳覺得女孩子選擇服裝要不要以男朋友的喜惡，作爲取捨的標準？」因爲她發現不少女孩只由於男朋友不喜歡，就放棄自己原來喜歡的衣服。

本來這純粹是個人的問題，更何況男女相戀的時候，也相互取悅對方。但如果過分的以取悅對方來作爲維護雙方感情的唯一力量，就似乎還沒脫「第二性」的心態。傳統的男女之間，男性若看女友或妻子的喜好行事，就會被同伴譏笑，反之才是大丈夫男子漢；女性若看男友或丈夫的喜好行事，就被稱讚有福氣，人家那麼愛她，反之男性可以根據這一點而移情。

這種心態延伸的結果是很多女孩在戀愛時沒有安全感，患得患失，也失去自信。有一些類似的例子是，女孩明明清白，甚至還是第一次交男友，但男孩卻根據他聽來的一些似是而非的說法，硬指女孩「一定」「曾經」如何如何。女孩則肝腸寸斷，委屈悲痛，不知如何「證明」自己的清白。

我覺得一個有自信的女孩不必接受這樣的折磨，她得了解，今天男女絕對是站在平等的地位，男性愛她就得尊重她、相信她，她不必作任何證明。如果對方不能相信，老實說這種愛也沒有「爭取」的必要，因爲對方純只站在擔心「吃虧」的心理，究竟有幾分愛頗讓人懷疑。

這種了解和自信不是一個以男友喜惡選擇自己服裝的女孩能具有的。一個女人要活得好，首先要培養獨立思考的能力，剛愎自用固然討人厭，完全聽人擺布也太可憐了。我很喜歡里奧·巴斯卡力在《愛》這本書裏說的，**不必事事聽別人的意見，「愛能聆聽它自己的需求，欣賞它的獨特性」**。

〈兩性的戰爭〉④

雙重標準下的反省

關心女性問題的知識分子，最近一定會注意到有幾本雜誌不約而同地談到關於職業婦女中女主管的種種情況，包括佔的比例、主管和部屬對她們的看法，還有她們的處境和心態等。

有幾位大專女學生跟我談起時，覺得「好惶恐」「好複雜」「好可怕」，但也有覺得「不服氣」「不公平」的。這些將來可能成爲「接棒人」的女孩，已經開始感受到職業婦女不單純的生活型態了。

本來職業婦女的擔子，一頭挑的是照顧家庭，比有職業的男性就要雜一點、重一點，更何況社會、家庭對婦女和男性的要求，很多地方還是有雙重標準。

《天下雜誌》用醒目的小方塊，刊出美國加州大學企管所研究發現，一般人用截然不同的形容詞來形容男主管和女主管，而其中有些形容詞並不限於主管，簡直是可以用在很多層次的男女身上，像說男是有進取心，女則是得寸進尺；男是立場堅定，女則變成剛愎自用；男士是敢說話，女子則爲大嘴巴；男人守口如瓶，女人則神秘兮兮等，使得女性在職業崗位上增加不少挫折和壓力。

當然，現在大學年齡階段的女性，也許離主管還有一段距離，但是未來世界的潮流趨勢一定會合理地走向男性願意留在家照顧孩子的，社會不取笑、不批判他；女性能力和性向可以做領導人的，社會不排斥不曲解她。十年或廿年的進步變遷以後，這種合理的生活型態不是科幻小說，是可能的事實。因此年輕的女性要有實力上的準備，也要有心理上準備。

雙重標準固然是使女性吃虧的「世界傳統」，但是我們倒不妨徹底反省，套一句話說是「有則改之，無則嘉勉」。羅馬不是一天造的，千百年男性社會中種種的不公平、不合理，也不是一天可以消除的。

女主管不是女性唯一要追求的目標，**在男女兩性眞正平等以後，就是做一名純家庭主婦，也是像做女主管一樣有價值、有尊嚴的**。而不合理的雙重標準，更要靠我們同心協力來改進。

〈兩性的戰爭〉⑤

培養思考判斷力

「有些女人開車也猛得很，兇得很。」我對着旁邊駕駛座上的戶長說。我們剛經過公館圓環地下道，一輛車蠻不講理硬搶到前面。每次碰到這情形，我是忍不住破口大罵的。

「女人也是人，只不過以前女人沒機會猛，也沒機會兇而已。」他目不斜視地說。我不禁笑起來，對了，也正因爲他早就體認到「女人也是人」，所以知道用平等、尊重的態度和我相處，也才使得我能夠充分發揮人的潛能，而不致受到做一個女人的委屈。

但是，「女人也是人」這句話是不是可以用來解釋所有女人的不良言行呢？從長期禁錮中「釋放」出來的被壓抑的傳統女性意識，如果稍有「放棄」也是可以理解的。而只要無害別人，不破壞公共秩序，其他人就沒權利過問。在這一點上，大多數的女性的確不會做出太大危害社會的行為。大經濟犯、大暴力分子、大黑社會頭目等，都還不見女性。當然這跟女人膽子比較小有關，可是，膽子是能訓練出來的，「女人也是人」的「定律」不變。

所以每次聽見年輕的女性喊「男人能做的我們也能做」時，我免不了有點心驚。這句話對仍然禁錮的女性意識，應該是向上向善的啓示，而不是負面的為所欲為。**男人能做的有意義、值得的事，女人也能，但是問題在於男人做的事情當中，有不少是「人」不該做的。**

曾有很多次，年輕的女孩跟我談到做一個現代女性，時有價值觀混淆的困惑。「豪放女」（不單指性）有令人羡慕的地方，但淑女卻是能討別人喜歡。我個人覺得刻意討人喜歡顯示的是自信心和安全感都不夠，也許和成長環境及人際關係有關。但毫無章法的「豪放」，一定也不能讓人活得快樂，人大多數時候還是喜歡有軌道可以依循前進的。

做一個現代女性最主要的是培養思考和判斷的能力，然後才知道剪裁言行。譬如說開車又猛又兇都不打緊，但是堅守交通規則才不會出車禍。

〈兩性的戰爭〉⑥

不要互相殘殺

「在很多會場上，往往裏面開會做決策的都是男性，而在外面管報到簽名的都是女性，唉！」有一次我又發這種感慨的時候，一個男性朋友直言無忌的叫了出來：「妳不能全怪男女不平等，很多女性不能一齊進到會場裏去，她們會搞得亂七八糟，女人自己就會互相殘殺！」

他的話眞敎人聽了刺耳，卻又不能完全否認其中是有部分事實，我在「女性友誼」那篇中也談過這些現象。對於現代年輕的女性來說，婚後也許因丈夫反對，孩子牽絆不能出外工作，但婚前幾乎百分之九十有做職業婦女的機會。所以也很可能還沒交到異性朋友以前，先有了一些男女同事，先跟他們有了人際關係。以我自己的體驗，跟男同事相處易，跟女同事相處難。如果一個女主管能受到她的女部屬從內心發出的敬愛，那她是個最懂得處人藝術的女性。

記得大約是五六年前，在國外某處擧行世界性的婦女集會時，結果由於參加會議的女性意見太過紛雜，又互不相讓，更談不上互相有理性的尊重，於是吵吵鬧鬧幾乎流會。後來還是一位男士上臺平息了紛爭，使會議繼續下去。這件事發生的時間和地點我早已記不眞切，但這個十分諷刺的內容卻記憶深刻。

所以，從男女平等的遠景看也好，從個人本身看也好，年輕女性在辦公室跟女同事相處時，一定要互助互愛互尊；更要互相欣賞，互相扶持。而且是要眞心眞意，虛僞則比「不爲」更糟。**講小話、打小報告、看到比較有能力的同事升遷時扯後腿、情緒化的故意反對別人的意見等，都是在自相殘殺。**

女性今天雖然在社會上大都做基層工作，但是只要大家一起努力，除了充實能力和知識以外，加上女性自己的團結，從簽名報到臺轉向進入會場參與決策工作，絕不是不可能的。如果沒有這些基本的修爲和認知，則勉强擠進會場，也極可能眞像那位朋友說的「搞得亂七八糟」、「殘殺」得不可收拾。奠好基礎，才能期盼未來能承重任。

〈兩性的戰爭〉⑦

觀念不改，平等不來

據說二〇〇〇年以後，每兩個婦女中就有一個是職業婦女，所以「純」家庭主婦會「物以稀為貴」而格外受重視。

國內人事單位統計，近年來高普考試及二職等考試的女性錄取人數顯著增加，而每十個普考錄取人當中，大約有七個女性。依這種趨勢估計，不久的將來，五職等以下職位可能全被女性佔有。

「臺大醫學院醫訊社」最近對女生作了一次問卷調查，百分之八十八的人表示婚後要繼續深造就業。

從這些估計統計和調查的結果來看，女性和職業的關係越來越密切。有一天女人到社會上工作會成為理所當然的事，不成為問題，也沒人討論了。

但是從現在到將來的路程並不是平坦的，因爲任何觀念的改變，以及情勢的轉變，都需要像地層的積聚一樣，要時間也要種種因素。我的意思是如果女性期待那「理所當然」的一天來到，必須先有成績公諸於世才行。也就是說在敬業方面女性可能還要更加付出。譬如像有些人的觀念：沒結婚前「閒着也是閒着」，找個工作賺點零花和積點嫁粧費；女人反正要嫁人，工作不是人生最終目的，那麼賣力幹什麼？男女不平等，女人很難有機會升級，既然如此，何必認眞，混混算了；女人就是女人，有很多事情做不好，讓給男人才對等等。結果是上班馬馬虎虎、用公家電話談情說愛、偸溜出去買東西，在辦公室吃零食和閒聊，任何有關職業上的進修都設法躲掉等。如果我們不能警惕、反省，到二〇〇〇年（實際上不過是十五年後而已）時，雖然每兩個婦女中有一個是職業婦女，只怕我們女人還是做男人不屑做的那些工作。

現在的年輕女性，二〇〇〇年時正值壯年，也是成熟到可以勝任重要責任的年齡。未雨綢繆，爲自己，也爲後進的女性，必須認眞的思索這些問題。

男女平等絕對不是空口喊來的，是靠努力掙來的。

〈愛情．愛情〉①

一個新的感情問題

十幾個編校刊的高中女同學，約我跟她們談談她們關心的「人生問題」。見面以前，這些同學曾彙集了其他同學想提的問題，因此她們强調所提的絕對有代表性。

據我的了解，大部分問題和她們這年齡的女孩子愛問的相仿，其中有一個卻是新趨勢（以前很少女孩問過），就是「如果將來專心事業不結婚，可不可以有情人？而且這情人也許是有婦之夫」。

這問題讓我頗為躊躇。前一半「專心事業不結婚」沒關係，對現代女性來說，婚姻不是必須的而是一種選擇。後一半卻不是「可不可以」就能答覆的。提問題的同學說，她們聽到或看到有些年輕而且工作能力很强的女性，就是這樣生活的。這些「時代女性」一方面不必承擔婚姻帶來的責任，一方面又可以享受愛情和自由。事業帶給她們經濟上的自主，隨附行動上自主，所以有不少同學很嚮往這種生活。

也許高中女同學離結婚還有一段距離，還沒感受到「已屆婚齡猶未婚」的壓力，所以嚮往那樣的自由和自主。但是眞正能十分瀟灑地面對那壓力的女性並不多。婚姻仍然是大多數女性選擇的路。

再說，有一個「有婦之夫」的情人到底好不好呢？以我看到的例子來說，恐怕並不是百分之百的如意美好。其中最主要的關鍵在於男女對這種愛情的價值觀不同，有婦之夫儘管不滿意他的妻子，也不會輕易地放棄家。而多數的女性在過了一場「地下妻」的生活以後，會產生要見陽光的慾望，會想要更有保障的名分，甚至要有一個她可以公開抱出去的孩子；而這些到後來大都不能得到。因爲**最後「他」會像浪子回頭般回家去了，還受家人寬恕與歡迎，而「她」，却只剩傷痕斑斑的心和感情**。

除非根本不在乎的女性，這樣的自由和自主所付出的巨大代價是少有人付得起的，千萬不要輕試。

〈愛情・愛情〉②

小心「假性愛情」

暑假過後，有很多高中女孩變成了大專學生，還有很多走進了社會。在這個年齡進入社會和國中畢業又不一樣，因爲在碰到的各種問題中，感情會是最麻煩的一種。十七八歲的女孩和十四五歲是完全不一樣的，不但自己對情愛充滿憧憬；男性也對這階段的女孩發生興趣了。

至於成了大專生的女孩，父母的禁令撤銷了，有些還鼓勵女兒，趁讀大專三四年，好好抓個終身伴侶。「新鮮人」在諸多新鮮事中，能夠公開地跟男生交往，在各種活動中都有男生加入，甚至有高班男生明白示情。對在高中沒談過戀愛的女孩來說，也許是最新鮮的吧？

也正由於不少女孩在談愛說情這件事上，從禁令森嚴（包括家庭和學校）到突然開放，會因措手不及而被「假性愛情」弄得暈頭轉向，甚至痛苦不堪。所以會有「假性愛情」發生，基本上是對異性的了解不夠，不知道女孩子的撒嬌，男孩的殷勤都不一定是表示愛上了你。

發生了「假性愛情」以後，自以爲愛得死去活來的「愛情事件」，結果卻什麼也沒有！對比較重情而又專情，同時愛鑽牛角尖的女孩來說，是相當嚴重的刺激。也許會完全影響了對愛情的看法、對異性的看法，或是影響了讀書的心情。

大專的三四年應該是充實、快樂而又健康的人生階段，所以也該「愼始」。女孩子特別要避免受到「假性愛情」的傷害。**用開朗但機警的態度去接近男孩子，不要急着愛上誰或讓某個男孩一下子把妳「據爲己有」**。愛一個人要比發現不愛再離開他容易多了，若不幸愛上一個心性異常的人，則終身都賠掉了。

歷年來，大專同學寫給我的信，以愛情困擾最多，一旦問題發生，解決就不容易。所以在這裏先提醒「新鮮人」，別讓痛苦的愛情問題破壞了美好的大專生活。

〈愛情・愛情〉③

眞愛不該傷人

幾個讀大學的女孩子寫信給我說，「假性愛情」固然會傷害感情，但眞愛傷人更深；她們陷入了爲眞愛而痛不欲生的絕境，難道愛是專門折磨有眞情的人嗎？對愛不在乎的人反而不會受到傷害。

她們的故事不同，但痛苦的「病因」卻相似。那就是明明在一起是痛苦的，然而不能捨棄這份情，不能捨棄那個人。無論男女，有這樣悲劇性格就很麻煩了。

其實故事也都不新鮮了。

故事之一是，女孩心軟答應了男孩「愛他就不應讓他痛苦」。獻身後一方面盼望男孩會因這層關係更愛她；一方面氣恨他只爲性才來找她，又痛恨自己輕賤，在婚前這樣失身，又不願也不能離開他——因爲還愛他，因爲……她苦得要自殺。

故事之二是，女孩和男孩好到要談婚嫁了，才發現他不但脾氣太壞，而且愛喝酒。女孩不敢答應婚事，男孩保證會改掉壞脾氣，喝酒保證是純喝酒。女孩還是不敢答應，男孩脾氣更大。兩人在一起就爲此爭吵痛苦不堪。而女孩依然在尋求幸福的保證，否則不敢答應結婚。

故事之三是，……不說也罷，反正是大同小異的。

我認爲談戀愛要能多享受樂趣，少吃戀愛的苦頭，必須借用孫子兵法中的半句「知己知彼」作原則。知己，了解自己的性格和觀念，如果是做了以後會讓自己痛苦的事，抵死不從，寧可兩人吹了也不委屈自己；如果自己沒有勇氣反抗權威，就不必做「叛逆」的事。

知彼，了解對方是個成年人，是個大部分性格都不可能改變的成年人。要接受他就接受他全部性格（包括觀念和習慣），他若改變也不是由於你而是由於他自己的領悟和體認。你只要衡量自己能不能接受而不痛苦，來決定要不要繼續交往下去。

愛如果只有痛苦，那必須決心捨棄。除非是虐待狂對上了被虐待狂，否則痛苦的人是沒有力量給人幸福的。捨棄的決心靠自己，別人幫不上一點忙。

〈愛情・愛情〉④

當心特別照顧

有人說我寫一個女人的成長，似乎偏向於女人的感情。的確，那是由於我聽到的、看到的，以及讀者來信提的問題，都顯示一個女人如能處理好感情問題，一生中可能就沒有太大的痛苦。但是我多麼期望有一天這「公式」會改變，女人生活的範圍應該更寬闊，內容應該更豐富，愛情就不是唯一影響苦樂的東西了。

每年高中職畢業的女孩子，除了一部分擠進大專，大多是走進社會，做的是起碼的職員，不像大專學生的環境，有產生「假性愛情」的機會，因爲「社會人」畢竟比「學校人」現實，一個男同事獻殷勤就不像男同學的殷勤那麼單純，所以到社會工作的女孩，更要保持機警。

剛到一個工作環境時，少說話多觀察，多親近女同事，對特別照顧你的男同事儘量保持適當距離。年齡大的男同事雖然絕大多數是基於眞正關心愛護，但卻也有以年齡及已爲人夫、人父身分爲掩護的，常使年輕女孩在不設防心情下接受照顧，以致惹來無窮盡的痛苦和痲煩，所以對他們多一分尊敬，自會產生距離。

最難對付的，可能還是來自上司的「特別照顧」；那會引起同事的「側目」，以及百口莫辯的謠言。

應付的方法，我想有兩個重點性的原則。**第一是裝糊塗**。對他的「特別照顧」不要有特別反應，任何「弦外之音」都假裝聽不懂。任何時候都一樣，用最尊重的態度對待上司。

第二是縱然妳十分需要這份工作，也不要讓上司看透這個弱點。越是怕失去工作越容易失去，因爲這是可以挾持的把柄，一不如他意，他就可能炒妳魷魚！

女孩子自己更要去除「受照顧表示有女性魅力」的觀念。社會上比較有成就的女性，絕大多數是靠自己能力得來的。而且未來社會的趨勢，一定是男女互相照顧，是眞正平等互助的。

初進入社會，眼花撩亂之際，特別要愼重處理任何牽涉到感情的問題。

〈愛情・愛情〉⑤

對被拒絕的新認識

「被人拒絕是什麼滋味，你知道嗎？被你愛而也曾經愛你的人拒絕是什麼滋味，你知不知道？」

她當然不是眞的要答案，而且有答案又如何？談一個女人的成長，大約不能漏掉這一節——失戀。雖然失戀對男人也可能是無法描述的滋味，可是一般說來，受傷的程度還是女人比較嚴重一點。

這也是個老問題了，奇怪的是從最近這一類的來信中發現，女孩被男友或未婚夫拒絕的理由是以前少見的，其中有嫌女孩學歷較低的；有的嫌她不夠能幹，口才不好；還有嫌她是獨生女將來不能撂下兩老不顧的。有一個跟男友戀愛兩年多，已談到婚嫁的女孩最近被男友甩了，理由是他媽媽要他接受一個讀醫學院的女朋友，將來好跟也是讀醫的他在事業上共同合作。

讀這些信讓我覺得女權運動硬是厲害，不但那麼多女性受影響，看來有些男性也受了影響。他們不再把未來的伴侶當作被撫養的「寄生物」，而是找一個可以幫助他或合作的對象。雖然太勢利了些，卻未嘗不是一種時代的趨勢，值得女性注意。

被拒絕的理由不管有多少，滋味不管有多麼難以吞嚥，這只是一個必須冷靜面對的事實。不必說從今以後不再愛男人，不必問「我錯了嗎？」不必無奈地認為緣盡，當然更不必自卑，因為天下男人並不都是一樣的，誰對誰錯都改變不了事實，怨嘆則變得既消極又偏激。

唯一可做的是先慶幸「幸好沒有結成夫婦」，否則絕對不是好婚姻。我常說現實生活中，一對情人完全不可能像童話故事的結尾「從此他們過着快樂幸福的生活」，事實上很多人結婚後才是故事的開始。談戀愛，甚至到訂婚，不過是才翻開了幾頁而已。這個階段誰拒絕誰都可以重新「安排」，拒絕人的不一定得到幸福，被拒絕的更不一定是不幸。所以，為什麼不放開心懷，追求眞正的幸福？

不尋常的愛

〈愛情・愛情〉⑥

「我不知道該拒絕他，還是不顧一切地接受他，讓我為難的原因是他是我的教授。」師生戀愛是全世界最尷尬的一種愛情，即使在美國也會引起校方的干涉，有的學校就明白表示不許可。在我們國內也曾斷斷續續成為新聞報導的題材，當然顯示這種戀愛是不同於一般的。但是現在年輕未婚的大專老師越來越多，而成熟的大學女生也遠比過去大方，愛情往往會毫不顧忌的觸發。這其實也是基本的人性，我個人認為並不是什麼罪大惡極的行為。

不過這種型態的愛情卻有它十分「不便」之處，譬如說老師和學生當事人在課堂上就很難專心授課和聽課，考試打成績時也很難一視同仁全無私心。公開會引起非議，不公開又無法滿足相愛的願望——連約會也不方便。

如果只是老師一方的單戀，做學生的更是左右為難；不願意接受（拒絕），又怕對方在成績上刁難。所以如在校碰到這種感情，那眞不知是禍是福了。

由於有這些不便，我覺得單從女生這方面來看，一定要冷靜而愼重處理。問問自己究竟在這份感情裏，眞愛有幾分？敬佩有幾分？甚至虛榮有幾分？不可否認的一點是，女性在千百年來長期處於「第二性」的心態下，有時一個男性的優越條件，往往會引起女性愛情的錯覺。這種錯覺在一旦眞正結婚後，發現身邊人也像平常人一樣不過如此就幻滅了。

而一個衆人「仰之彌高」的老師愛上自己，也可能在下意識中會激起幾分虛榮意識。如果把這些都剝除以後，還賸下多少眞愛呢？如果眞愛不多，又何必在原可單純快樂的大學生活中，給自己找這些麻煩呢？

曾有女孩說她們不好意思拒絕，或不忍或不敢拒絕，而這往往就成了別人能抓住的弱點。弱點一暴露，自己就反而被利用了。

所以**碰到不大「尋常」的愛情時，要抽絲剝繭地分析，要堅定果決的處理**。有勇無謀，不顧一切的結果，受傷害的大都是女人自己。如果確有眞情，讓他等妳到畢業吧。

〈愛情・愛情〉⑦

不必要的罪惡感

適度的「罪惡感」等於是良知的指示，可以約束我們某些不妥當的行爲。但是我發現由於傳統上對女性强烈要求「從一而終」、永遠不得背叛「她的男人」、做個烈女貞婦的觀念太深，使得今天仍有些女性在這方面到了「走火入魔」的地步。且慢罵我！我知道一定有人認爲我不該批評對女性要求貞潔的傳統，然而批評這種傳統並不等於是鼓勵女性「性開放」，不能混爲一談。在一個文明而講理性的現代社會，男女兩性都應該過合理公平的生活，這是一個先決條件。

有些女孩怎樣「走火入魔」呢？隨手拈兩個例子來談談：一個是說她曾跟幾個男孩「好」過，不過他們並沒拉過手，只是說過話，看過電影。她擔心別人會不會認爲她是壞女孩？最重要的是，將來她的男友如果知道她曾和別的男孩出去過，是不是就不喜歡她了？她因此苦惱而時萌毀滅自己的意念。

另一個是跟男友交往中，好幾次都差點失去女孩最寶貴的。因此面對班上同學時，總有罪惡感和汙穢感；書讀不好，也不知未來人生還有什麼可追求的。

像這樣的好女孩，據我知道還有很多。我絕不贊成女孩隨便交男友（男孩豈不也一樣）；但交異性朋友卻絕不是罪惡，尤其在人與人接觸頻繁而密切的今天，跟異性隔離是不可能的。光明正大的和異性交往，更是每個人成長中學習和人相處的機會，哪裏就罪該萬死呢？

而所謂「女孩子最寶貴的」，我們當然知道什麼意思。其實寶貴的是整個人，包括一個人的意志。「士可殺不可辱」，說明意志不可「强姦」。對女性來說，一個愛國甚或爲國犧牲的妓女，她的人格依然是高於得到一座貞節坊的寡婦。

在交友和談戀愛時，糊裏糊塗玩性遊戲會給自己帶來痲煩及情感上的傷害，但扯不上罪惡和汙穢。**用虛幻的貞節牌坊壓住自己和放浪到性泛濫，同樣都不是正常的人生態度。**

〈自我建設〉①

淑女時代的意義

最近美國《世界日報》上有一篇「新加坡特稿」，報導新加坡有私人創設的「小淑女訓練課程」，頗受富裕家庭（大部分是華人）歡迎。雖於收費不低，把八歲到十六歲女孩送去受訓的家庭卻很多。課程從修剪指甲、洗澡、洗頭、照顧皮膚、走路姿徵、坐姿、飲食禮節，到整理佈置自己的小天地、設計菜單、飲食（保持身材）、健美操、瑜伽，再到如何選擇服裝、配飾等等。凡是一個傳統淑女應該注意的細節，都包括在內。

讀了這段報導，我眼前浮現的是十八十九世紀女人的模樣——笑莫露齒、行莫搖裙等等硬在傳統「模式」裏才造出來的淑女，想不到在廿紀又復活了。更想不到的是有這麼多父母，把女兒送去這樣的訓練。在一個有很多地方值得我們學習的國家，這是繼「優待大學畢業母親」之外另一個不可思議的現象。

我曾討論過女性在成長過程中，種種屬於本身禮貌、公德等問題，但那是作爲一個現代人都該有的修養。一個女人如果接受了平衡而且平等的教養以後，她自然會成長爲一個能夠自主、落落大方、懂得安排自己，也懂得怎樣生活的女人。可是把一個正在成長中的女孩送去受這種「淑女」訓練，實在是開倒車。

法國婦女運動先驅女作家西蒙·波娃在《第二性》這本書裏，探討女性穿着打扮的傳統背景和社會意義，以及女性本身的心理時，直指是女性「成爲男性慾望的犧牲品」的結果。女人努力提升，從「犧牲品」提升到有尊嚴的人，到今天也並沒徹底而普遍的成功，爲什麼還要把女兒推回去？

我祈禱這種訓練班千萬別在我們國內出現，否則有錢人家可能也會頗有興趣的。也因此我再強調，希望各大學女聯會不要花時間精力專辦服裝表演，報上說已有別的學校女生要跟進了。**請塑造一個現代婦女的形象吧，淑女是要賦予時代意義的。**

〈自我建設〉②

自重自愛

一位從日本留學歸來的年輕女性很感慨地對我說：「比較起來我國的女性眞是受男性尊重得多，在日本幾年的生活觀察，發現絕大多數的婦女都沒有『獨立的地位』。婚前有職業的，職位低的要兼做工友倒茶的工作，而遷升相當困難，男女同職也不同薪。婚後幾乎都要放棄工作，眞到孩子長大，已入中年才能再到社會上就職。家庭事業兼顧簡直是不可能的，所以現在有不少事業有成就的婦女，根本不考慮結婚。

「一般主婦地位更低，除了教養子女外，丈夫服裝挺不挺、鞋子亮不亮全是她的責任。在家裏丈夫從不稱呼她，要茶只說個茶字、要飯只說個飯字的丈夫大有人在。百貨公司玩具部還特別標『男兒童部』和『女兒童部』，給男孩的是變化萬千的電動、太空、機械等玩具，給女孩的則千篇一律是洋娃娃、小鍋小碗小灶等，眞是的……」她越說越激動起來。

其實，國情不同，據說日本婦女這種犧牲是他們社會安定最大的力量。只是日本男性居然不懂得尊重並感激他們的女性，這一點是我深覺不平的。也更讓我警覺到怎樣善用我們已經得到的某些平等和尊重，譬如說在工作時敬業的態度如何？結婚對家庭、家人付出多少？因爲我同時聽到有不少主管抱怨女職員的馬虎、怠惰，也有不少丈夫抱怨他們的妻子在家氣焰太高——特別是某些有「才」和有「財」的妻子——因此而無法和平相處。

中國婦女能得到今天這裏程度的平等和男性的尊重，除了婦女本身的努力以外，我國男性的了解以及觀念的進步也是一大助力，這一點是遠超過日本男性的。

在跟這些可愛可敬的男性共同工作或同組家庭時，女性如果能多多抱着自重自愛的態度，我相信我們男女之間的氣氛會更祥和，生活會更合理。像任何問題一樣，**自己的反省是重要的，一味責怪別人往往看不清問題的眞相**。對於將面臨就業或婚姻的女性，但願這一得之愚可供參考。

〈自我建設〉③

情緒化是阻力

「春天後母面」「女人心，海底針」，如果下功夫去搜索這一類形容女人善變的詞句和俗語可是多得很。曾經也有些生嫩的小男生寫信向我訴說猜不透女朋友的心，說「要」竟是不要，說「不好」卻是好，讓他們滿頭霧水。用現在流行的名詞來說，我想可以說女性是比較「情緒化」的。女人不大容易「喜怒不形於色」，卻又不直接表達她眞正的喜怒，這才讓不了解女性的另一性深覺不可捉摸。

有人說這是女人的天性，有人說這是女人幾千年來生活在各種壓力下，在各種縫隙中生存形成的「生存本能」。無論哪一種說法對，或互為因果，互有關聯，對現代女性來說，「情緒化」常是一種阻力，阻礙了女性在各方面的發展。如果是一心致力於事業，情緒化當然是阻力，妨礙了自己用理性來處理問題。就算辛辛苦苦攀爬上了主管地位，也很難得到部屬的推崇。如果沒有事業心，只要做個純家庭主婦，也會因情緒化而搞得婚姻一團糟，家人怨聲不絕。事實上，女性在家雖不是名義上的戶長，實際上卻是一家的主管，小小家庭裏的很多事，都是需要理性來處理的。

「情緒化」不等於女性的媚力，也不等於女性的特質，甚至也不等於撒嬌。只是一種無理性的處人處事的態度，沒有原則、沒有方法、自我中心、不識大體。今天可以的，明天也許不可以；自己可以的，別人卻不可以。不但旁人摸不清她，她自己也摸不清自己。

事實上有不少男性也是如此；但人家只批評他「像個娘兒們似的」，或還認爲他是藝術家的脾氣。但對女性的批評可就沒有那麼寬容了。也因此同樣是「情緒化」的人，男性也許可以得到更多的助力，而女人得到的卻是阻力。

現代女性要多培養自己的理性，刪減性格中情緒化的部分。不過偶爾鬧情緒，是人都在所難免，矯枉過正也不必。請記住，就只拿情感一事來說，婚前男友肯搜索枯腸來猜你的心意，婚後誰都不會再有耐心來理你了。

〈自我建設〉④

有自信心可活得好

不成熟的人如有過分膨脹的自信心，往往流於剛愎自用。但是過度缺乏自信心不但在工作方面一事無成，而且也常常給自己增加痲煩和困擾。去年底對消費者來說是憂喜參半的。其中幾件頗爲轟動的事件，跟女性都有直接的關係，一是減肥藥；一是嬰兒奶粉。雖然後者是由於有些母親本身有各種因素不能自己餵乳，而使得奶粉大行其道，但卻也有不少母親是跟減肥藥一樣的心理，是怕影響身材而用奶粉哺育幼兒。

幾乎每個女人站在鏡前都能挑出外表上的缺點，都不會百分之百的滿意。也因此只要是可以增加或保持外表美的產品，都能打動女人的心。女人要對自己的外表有信心，可眞不是一件容易的事。

然而有智慧的女性懂得怎樣從其他方面來培養自信心，我看過不少外表的確有缺陷（從世俗的標準來看）的女性，由於自己有專長或有豐厚的學識，她們表現出來的風度，在言談和舉手投足之間，溢散着美好而讓人舒服的感覺。你絕對不會「在意」她外表上的缺陷，反覺得她如果「更改」了某一部分，就眞的成了缺陷了。我相信這是她的自信心對別人的影響，導引了別人的觀點。

有自信心的人知道怎樣處理自己的生活，從買一件衣服到談情說愛，她知己知彼，買東西不會受誇大的廣告影響，交朋友知道取捨，不受不相干的語言困擾。結婚生孩子以後，也知道用最適合自己的方式養育子女。

自信心要從小培養。如果不幸當年父母沒注意到，那麼趁年輕的時候自己修鍊。很多專家寫了這方面的書，是自修的指引。缺乏自信心的人，越老生活越痛苦，連金錢也幫不上忙。

女性自信心最容易崩潰的時候，是在感情受到挫折的時候。美女也難例外，但有紮實內涵的女性，反而可以很快的恢復正常。

由於女性一生中扮演的角色繁多，更需要自信心來做有力的後盾。只是當心不要變成自得自滿，驕傲剛愎，那就可能弄到孤立的地步了。

〈自我建設〉⑤

洒脫的胸襟

上星期二，無意中在《中華日報》讀到朋友唐潤鈿女士一篇文章「姻緣一線牽」，副題是「記一件不尋常的樂事」。讀完我不禁自言自語「眞是不尋常」，因爲她記述的是兩個女性瀟瀟洒洒處理姻緣大事的態度。先是有一位才（包括財）貌俱全的青年的父親，屬意唐的女兒，要爲兩人撮合姻緣。見一面後唐的女兒忙於功課和論文，沒有繼續約會。唐在跟她的同學閒談中，知道對方的女兒也還沒合適對象，唐竟熱心地把這根姻緣繫在同學的女兒和那青年的身上了。她在當名副其實的介紹人前夕，樂不可支地寫出這段樂事。

不尋常之一是這位母親雖知青年不錯，卻絕沒有強迫還沒適合對象的女兒，非接受這門親事不可。甚至心中連一點疙瘩都沒有，熱切地把青年介紹給別人。

不尋常之二是，唐的女兒坦然地和母親一齊參加男女雙方父母和當事人的約會，而且「談得很投機」。唐說，這次女兒看清楚了，也覺得那男孩不錯，但回家後仍洒脫地說：「他們兩人有夫妻相，一定會成功的。」

我熟悉這一對可愛的母女，母親書讀得多，爲《國語日報》寫「好書引介」專欄。女兒書也讀得不少，曾考上「海上大學」，遊歷很多國家，也常在報上寫稿。她們母女時常「約會」，去參觀各種藝文表演、展出及活動，是我最欣賞的「知已朋友」式的母女關係。

大多數女人原本比較狹窄的心胸，在處理這種關於婚姻的事情時，鐵定更加狹窄得容不下第三者，哪能從內心熱忱地爲別人成全好事？哪能坦然洒脫地談起這件事，並且還衷心祝福別人？

我不知道她們是天性淳厚，還是知識陶治、拓寬了她們的胸襟；但我相信這樣的胸襟正是理想中現代女性應該有的。**過去封建閉塞環境中養成的種種小心眼、善妬短視等屬於女性人格中的缺點，已經不適合今天擔任「多元化女性角色」的女性了。**

〈自我建設〉⑥

無知：悲劇的根源

根據外電報導，今年（民國七三）年底香港第一座「婦女圖書館」要正式對外開放。開設這個圖書館的目的，是希望透過書籍上提供的知識，增進婦女對多方面的認識，藉以建立婦女對獨立處理問題的信心。同時也給那些沒有機會上大學婦女，滿足想充實自己的需要。所以館內的藏書以跟婦女有關的理論性資料為主，包括一般婦女病、衞生常識、婦女在管理階層所擔任的角色及女性心理問題等。

不管這世界上還有多少人，包括女人自己，大多堅持反對婦女獨立自主，而這股強大的潮流卻無人能阻擋，更何況種種事實也逼得女人必須獨立自主才能生存下去，無論已婚未婚，女人再也不能像傳統那樣靠在男人「肋」下生活，也無論一個女人願不願意，她必須面對這個事實。

不過女人在幕後待了幾千年，有些人對於走到幕前，不免還十分怯場。除非要上臺的角色忽然因故無法上臺，在後臺的女人有的是沒機會、有的是沒膽量到前臺去。一旦非暴露在臺前不可時，的確會慌成一團，手足無措的。這時「知識即力量」的眞理就非常明確了，懂得越多越有對策，有對策就不會慌亂，不慌亂就有能力解決問題，這是一貫下來的。

也因此大專年齡階段的女孩，無論是就學的、就業的，最好能放眼看看眞實的生活，多吸收跟生活有關的知識。單純情呀愛的書籍固然吸引人，但太虛幻，只在雲端上的情節實在不必花費太多的心血去閱讀。應多了解女性世界性的問題、時代的趨勢和未來的方向。縱使自己「命」好，也該明瞭這種種情況，才算是「眞實的人。

「無知」常是悲劇的根源，對自己的生理、心理的無知，常使女性陷入絕境。所以有一座「婦女圖書館」固然好，沒有的話，在知識處處都在的今天，只要有心吸取，絕不愁沒書可讀的。

〈自我建設〉⑦

不要討人厭

一位關心社會的小兒科醫師打電話給我，說他有空就看「一個女人的成長」專欄，但是沒看到我談關於女孩子該有的禮儀方面問題。我心裏嘀咕，現代女孩子難道還得「笑莫露齒，行莫搖裙」嗎？他說，譬如上公共厠所就該懂得禮儀呀！汚髒的衛生棉有沒有放進垃圾桶？用完以後有沒有沖水？我一聽眼前就閃過一個噁心的鏡頭：在一間公厠裏，有人用衛生紙把馬桶圈鋪滿，但是她上完後卻不拿下來丟掉，只知道自己要乾淨，把汚穢留給別人。可以說是無禮之極，太沒教養。

這位醫師還說，常看到一些帶孩子到診所看病的年輕媽媽，手指甲髒髒的，衣衫也不整，開門關門從不當心，砰砰碰碰根本不管會不會影響別人。他很擔心這樣的媽媽會把孩子教養成什麼樣子？

他更看到很多年輕人缺乏餐桌上的禮貌，食前既不懂得禮讓長輩，自己先拿起筷子就吃，食後也不懂得禮貌的告退；甚至有些人連拿筷子的正確姿勢也不會。在別人家做客不懂得幫忙收拾東西——又讓我想起一個朋友的抱怨，她家住了一個女孩，居然把沾了血漬的睡褲掛在衣架上，還是佣人發現拿去洗了。

他說不是挑剔現代年輕人的毛病，是因爲教導孩子到目前止，仍然有大半責任在母親身上。如果母親自己在成長過程中不先學會生活禮儀，試問要怎樣教自己的孩子？

當然，現代的女性不一定都會做母親，負教導子女的責任；但是單純的作一個不討人厭的女性，也該遵守很多生活禮儀。**自私、邋遢、過分隨便，甚至妨害別人的生活，走到哪裏都不受歡迎。**尤其在別人看不見的厠所裏，最能考驗自己有沒有教養。在這裏都有良好的生活禮儀，在任何地方都不會失禮了。

有比服裝表演更重要的

〈自我建設〉⑧

「臺大女青年聯誼會」在臺大活動中心舉辦了一場服裝表演會，從服裝設計到模特兒都是臺大學生自己擔任。目的是提醒大學生穿衣要有大學生的樣子，不要刻意奇裝異服或邋裏邋遢，破壞了大學生的形象，也顯示了對師長的不敬。

這本是一項校園活動，但由臺大學生突破傳統，至少有一般大學生之間會引起一陣漣漪。然而會不會眞正改善那些奇裝異服或邋裏邋遢的大學生，卻頗讓人懷疑。尤其是由女聯會發起這項活動，難免又會給人「女人總是愛這一套」的印象。

而事實上大學生要樹立良好的形象，恐怕還是得從個人的言行做起。眞正教人欣賞的大學生當然有，但是很多大學生表現的「羣像」，可挑剔的地方實在也不少。譬如說上車不排隊、在車上不讓座、郊遊登山亂丟垃圾，至於宿舍裏順手牽羊收走別人衣物的，已不是新聞。我更親眼看見大學宿舍廁所，髒到讓人噁心的程度。至於個人的行爲，一個就讀某醫學院的學生曾沉痛的告訴我，竟有當伙食委員也貪污的同學。更爲了分數而討好教授的，爲了有人願付生活費、學費而跟人同居的。雖然這只是極少數，但他們也是大學生。這種「羣像」，不是特殊個案，是需要大學生自省的。若干年前曾有一個外國學生呼籲大學生自省，也在短時間內掀起熱烈的反應，但現在早已沉寂，而當年需要自省的情況卻仍然存在，甚至有過之而無不及。

通常大學女生不大發起什麼轟轟烈烈的活動。其實不必小估了女生的力量，今年（一九八四年）中秋節各地賞月人沒有污染大地，就是俞院長夫人登高一呼的成績。女生比較「獨善其身」，婚前婚後都沒什麼顯著改變。但作一個現代女性這樣不夠，關心社會人羣應不輸於男性才好。

所以臺大女聯會與其花費時間、精力來辦服裝表演會，不如來策畫一些如何眞正提高大學生品德的活動。其他各校的女聯會，不妨也把以往活動的層面更拓寬一點。

〈自我建設〉⑨

該成熟時必須成熟

有些電視劇常把二十多歲的女性描寫成如十四五歲的女孩，語言和態度都幼稚得讓人肉麻。曾經有些年輕女性跟我談到這種情形時，很氣憤地說，最恨看到這些「三八」造型。其實「三八」比故作幼稚還可愛一點，因爲那是發乎本性的。而一個人如能終身保持「赤子之心」就更了不起，這是最可愛、可貴的人性。

但是二十多歲還很「幼稚」的話，就很讓人擔心了。在十八世紀易卜生時代，女人是男人的「小寶貝」「小鳥兒」「小松鼠」，他給她錢買糖、買衣服，他要她打扮得標緻讓他喜歡，她不用思想，他會替她想。「幼稚」成了取悅男人的條件，否則就會失去愛寵。

但是在今天，女性若了解自己的處境以及必須扮演的角色，就不敢也不能在應

該成熟的年齡，還那麼幼稚得讓人不敢領教了。使得某些女性永遠長不大的原因之一，當然是父母太過嬌寵。近二十多年來，富裕平穩的生活讓大部分家庭日子都好過，最大的壓力不過是孩子讀書的成績好不好。因此很多女孩也像男孩一樣，父母要求她們的也只是「好好讀書」。可惜的是單純的課本知識跟豐富複雜的生活之間，有太大的距離，所以教科書讀得好的人，一旦離開了課本就失去了憑依。在人生這浩瀚的大海裏，不免有些張惶失措。適應不了時，就可能影響一生。

尤其現代女性要適應的遠比男性複雜，譬如說女性在成長的求學過程中，只有一個目標——考好的成績，但是好成績在她未來的為人妻、為人母生涯中似乎不一定有直接的關係，她難免會受挫、沮喪。但是男生的好成績卻往往可以跟他未來的事業銜接起來，使得從小追求的目標不中斷，反而更能大展鴻圖。

二十多歲是該成熟的年齡了，若要為自己未來奠好基礎，我們必須多多吸收各種知識，多用思想，觀察生活中更深的層次，探索生命中更重要的意義，這樣，我們才不會年輕時幼稚可笑，年長時無知膚淺，永遠被譏為什麼都不懂的「婦道人家」。

第2篇 夏：成熟的季節

提要

「百年修得共枕眠」，幸運的妳，走上了地毯的那一端。

跨過了這個人生的分水嶺，另一種層次的挑戰隨即迎面而來：家庭與事業的抉擇或兼顧、家庭中的人際關係、和另一半的「團體生活」、甚至丈夫的婚外情……。

這些問題難不倒妳，妳愉快的走入了人生的成熟季。

〈篇頭語〉

結婚：一生的分水嶺

一個女人成長到結婚的階段，按理說已夠成熟，也幾乎定型了。可是依據我自己的經驗，以及多年來接觸到案例、一些專家的論著來看，結婚是女人一生中的分水嶺，也是女人第二度的成長。

從最表面來看，男人是把女人娶回家的。他婚後的生活環境不變，就算是在外另組小家庭，女人也還是進入另一個家庭，面對不同的人際關係。法律明文規定妻以夫的居所爲居所，妻要冠夫姓，他仍然是婚前那某先生。女人呢？我結婚半年以後。別人喊我某太太時我還得楞那麼幾秒鐘才知道是喊我。男人則不必適應這個，當然更沒有面對公婆妯娌等心理壓力。

往深入一點來看，男人也有婚姻和事業的選擇問題，更不會因結婚而敲破飯碗。據說有些「老派」的企業老闆要重用一個男性員工時，還要看看他的家庭生活如何來決定。換句話說好的婚姻可以幫助男人的事業，這跟女人掙扎在婚姻和事業中是何等的不同？男人可以延續、發展婚前原有的事業，女人則要相當的幸運才行。婚姻讓男人的自我得到更充分的發揮，而女人卻雖緊揑著自我也不一定能確保不失掉。

至於結婚加在男女兩性身上的角色，又是大大的不同。丈夫和妻子、父親和母親按理說是同等的，但事實上繁簡之間天差地別。尤其是父母兩種角色，在大多數的情況下都是嚴於要求母親，而對父親通常認爲站在輔助的立場就夠了。

舉出這些並不是抱怨男女不平等，而是希望能讓尚未踏入婚姻這道門的女性，了解一些事實。經過了這道分水嶺以後，人生也許完全不同，因此有人說一個女人是不是幸福，要看她是不是有個幸福的婚姻，否則任是掌上明珠只怕也落得痛苦終身。這話在今天雖然已不盡然，但不能得到一個好婚姻總是遺憾。

也由於這種種事實，**女人在婚後等於第二度成長，成長的幅度遠大過男性**。而在第二度成長的過程中，父母的影響力小了，靠的是自己的學習和領悟，責任也在自己身上了。

婚姻是實際加浪漫

〈第二度成長〉①

年前是結婚的「旺月」，有人連趕四個婚禮場子，而肚子卻只有五成飽。對絕大多數青年男女來說，能結婚還是要結婚的。可是婚姻的擔子卻兩頭不一樣重，女性的可能要重過男性，這一點，新婚的和準備結婚的女性要先有心理準備。

在「白馬王子」快要成為歷史名詞的今天，大多數女性對婚姻的幻想成分減低，取代的是比較實際的體認。有些未婚夫婦已經討論到婚後財務問題、是否跟公婆合住問題，甚而生兒育女的問題。實際的體認有助於婚姻的維繫，這是年輕男女觀念進步的部分。**但婚姻麻煩的地方是過分實際也會有害婚姻，兩情相悅仍然有賴於羅曼蒂克不太實際的情愛來滋潤。**

有了對象而且準備結婚的女性，在計畫花大把銀子把自己裝扮成世界上最美麗的新娘以前，可能需要理性地來認識一下未來這個不太好扮演的角色，以免登臺之後演砸了。

首先需要的是膽量。電影上那種看到老鼠就嚇得爬上椅子鬼叫的女性是不能勝任的。今天的主婦看見老鼠要設陷阱抓，看見蟑螂要敢打，否則結婚前的「護花使者」不到幾年就厭煩妳太沒用、太煩人了。

其次需要的是力氣。厨房裏種種用具，纖纖玉手無縛鷄之力的話，儘管是在電器化的現代厨房，有時也會招架不了。我就看過連沙拉油蓋都打不開的嬌小姐，眞替她擔心結婚以後怎麼掌厨。

有了膽量和力氣，可以應付千百種不同的任務，現在不過是擧一兩個小例子而已。這些全是婚姻中最實際的部分，能先體認，將來就不會有適應的困難。

但我不是鼓勵年輕女性個個是孔武有力、雄赳赳的「女强人」（我認為這根本是個不平等的名詞），基本上男女有不同（不是差別），不必强求。所以在膽量和力氣以外，保留女性的羅曼蒂克不是落伍，而是最美的調和。

〈第二度成長〉②

認識婚姻中的實際層面

我不知道是由於男女眞的天生有別呢，還是女人傳統上必須察言觀色，才能在男人掌權的世界生存，因而養成了比較細膩的心思？很多女性在結婚第一年中，赫然發現戀愛時體貼入微的男朋友，變成了「點不透」的呆頭鵝丈夫。所以若說是天生，爲什麼戀愛時懂得善體人意？難道眞的只是動物求偶時顯露的特徵而已！由於這中間的差距，常讓不少女性產生結婚第一年「不能適應病」，總以爲是丈夫變了心，或懷疑自己到底有沒有嫁錯人。

而更多的丈夫在妻子不斷地追問「你還愛不愛我」，或爲生日、結婚紀念日沒收到禮物而生氣時，變得極不耐煩。有位男士憤憤地說：「她明知道我是愛她的，但是結了婚以後幹嘛還老是要甜言蜜語呢？何必像老外那樣都要簽字離婚了，嘴裏還甜心、蜜糖的叫着？她爲什麼不能實際一點呢？我們都已經結婚了。妳們女人眞是不可理喻。」

現在很多婚姻輔導專家，勸導夫妻「愛你要說出來」。的確，夫妻之間相處的態度，也隨着時代改變跟以往大不相同了，現代女性不再像以往那樣認命。但是我覺得常常要丈夫對妳說「我愛妳」的女性，也不免太缺乏自信心。更何況婚姻的確有更深沉的層面，一對恩愛的夫妻貴在從心底對彼此的關懷和了解。如果丈夫不再像戀愛時那樣殷勤，那顯示也不過像一般男性一樣，覺得結了婚就該全心全意發展事業，好像頑童長大，收拾玩心用功讀書了。通常女性是在有了孩子以後，情感才會落實在婚姻中深沉的那一面。

常有自信心不夠的妻子向我訴苦，其實婚姻的情趣不在乎甜言蜜語或小禮物，談心、散步、讀書、欣賞文學藝術、旅行等都是成熟的女人追求的婚姻，也該是這種有助心靈充實的婚姻生活。**永遠停留在十八歲的女性，可能無法長期承擔婚姻，她的丈夫會很累，她自己也永遠不能滿足。**心理若是不能隨着年齡成熟，大都容易造成悲劇。男人女人都是一樣。

〈第二度成長〉③

二度成長中的實質平等

曾經看過一篇「結婚宣言」，新婚夫婦把未來的家事列表分配：你倒垃圾我遛狗、你刷鍋碗我推草……。雖是遊戲筆墨，但是可以看出婚姻中很多小事需要兩人好好協調。

爲什麼有些女人覺得婚後丈夫不像熱戀時那麼愛她了？這是因爲有些男人不知道婚姻生活的厲害，婚前愛人要求他做什麼都一口答應，婚後才發現那些「小事」煩死人。而且大多數男人受母親重男輕女的影響，熱戀時答應做的事，這時一點點地認定那都是太太該做的了。更有些男人當時答應的心態是像小和尙唸經，有口無心，婚後當然不願履行諾言。「愛」這個字在婚後表現的方法，已然和婚前不一樣，不再有小心翼翼的陪伴。

人不能選擇自己的性別，生爲女性，從出生到還沒有行爲能力以前所受的不平等，常常自己也無力改變，但是從結婚那天開始，女性要立下創造一個眞正平等的家庭的決心。侍奉公婆也好，對待丈夫也好，還有將來養育子女，都必須做到眞平等。不錯，這是一項很艱鉅的工作，然而對整個女性的未來都有影響，因爲你在培養有平等觀念的下一代。

紙上的「結婚宣言」也同樣不會眞的有約束力，所以新娘子要有心理準備，準備用愛的技巧——包括誠心的讚美、眞摯的感激，來誘導丈夫學習體貼，學習協助，學習支持。不要爲了表示愛他，什麼事都一把抓，他說什麼妳應什麼，那就變成父母溺愛子女的愛了。一個被慣壞了的丈夫可能就會在日後製造家庭問題。

一個家庭的成長就像橄欖核，人口和家事都是兩頭尖尖中間粗大。新婚時由於愛情濃，空閒多，你有心也有力包攬一切，但以後你會發現縱使筋疲力竭也做不完。**這時才知道一個體貼支持妳的丈夫有多重要，他是妳對婚姻維持信心和興趣的最大原動力**。而這些是要靠女性去培植、耘耕才會有收穫的。

〈第二度成長〉④

請不要讓柴米油鹽淹死

嘉義市林啓祥君來信說，我寫「女性的成長」，沒有提到女性要出類拔萃（掙脫出來）；在二十世紀末期的今天也絕不能寫「結婚後的女人，如果家庭與事業不能兼顧，大部分的女人會放棄後者」，因爲生活在「太空時代」中的女人，只要是有能力絕不能因爲結了婚而放棄事業，新時代的女性沒有必要如此。

如果林君是勇士，我眞要感激他對女性的激勵。不過我寫的是「現象」，並不是我的建議，同時這也正是今天千萬個受了敎育的女性心中的結。因爲大多數的女性很難毅然甩掉幾千年傳統的認定——女人應以家爲重。如果硬要她們甩掉，有時可能會造成心理困擾，這也是社會轉型期女性的無奈。我們也特別盼望沒有這種「心結」的男性，對妻子有更多的尊敬和體貼。

因此在這種無奈中，我的建議是如果妳爲了心安，爲了承擔傳統重任而必須做一個純家庭主婦，那麼請不要讓柴米油鹽的瑣事把自己淹死！如果不在這些瑣事以外尋找一些超越它們的東西，則日久一定信心全失，變成一個閉塞、瑣碎、無知無趣的女人。這也是爲什麼常常很多傳統標準的賢妻良母，把丈夫侍候得無微不至，卻毫無道理的慘遭「失夫」之痛的原因之一吧！

只有柴米油鹽瑣事的生活有時是很好過的，買買菜、逛逛街、睡睡覺、打打小牌、看看不用腦筋的言情小說，一天、一月、一年很快就溜過去了。等「世界」變了，逼着妳從這些瑣事中掙出頭時，那才是呼天不應，叫地不靈呢。

也不是說過得「現代而又充實」的主婦，不會遭到「失夫」的外過，但由於妳平時生活中有自己的天地，有自己的中心，有丈夫孩子以外的寄託，意外來到時妳不會張惶失措，不會過分悲痛絕望。站起來也更快些，更穩些。

所以**請不要讓柴米油鹽淹死！在生活中尋找一點需要挑戰、需要用腦筋、需要一點壓力才能得到的東西。**那麼放棄職業也並不等於放棄努力、放棄人生，仍然是新時代的女性。

〈第二度成長〉⑤

試管嬰兒之外

四月十七日（民國七四年）各報的最大新聞，是我國第一個試管嬰兒誕生。而環繞這個大新聞的諸多論說，更是繽紛得讓人目不暇給。相信看（或聽）新聞的人，心態也不盡相同。專家學者雖就倫理、法律、心理、社會等各方面提出他們的「遠慮」，但大體上來看，大多數人認爲這是値得恭喜的喜事；主事的醫師受到的稱譽比壓力似乎要大得多。

榮總表示每天門診不孕症病人有五十名，這不是小數目。過去不能生育的女性遭遇的命運是休掉，或接受丈夫納妾，屈辱當然是深重的。今天治療不孕的方法多了（試管嬰兒只是最新、最「前衛」的方法），不孕女性的命運當然隨着改善。但是醫生也表示任何方法都不見得百分之百的成功，在這種「缺憾」之下，不孕婦女仍有受屈辱的命運。

眞正能尊重妻子不願生孩子的丈夫，只在知識分子中佔了極少數；眞正能坦然接受不孕，並不影響夫妻感情的也是少數人口；眞正能面對不孕而不心情惶恐的女性，更是少之又少。我知道不少夫婦因不孕而苦苦求醫，以致影響到正常的生活，其中女性受的痛苦（包括各種治療）當然超過男性。女性對這些痛苦能忍受下去，除了孩子本身是一股强大的吸力以外，傳統對婚姻、對夫妻的定義都是强大的壓力。兩股力逼着她承受痛苦。女性總覺得「生個孩子才算完整」，而且已成了時髦的風氣，連好萊塢一些美艷女星，都唯恐別人不知道她能生孩子。

在傳統和現代都「努力生育」的情況下，如果一個女人不能生育，就必須勇敢地面對，並且獨立思考、明晰判斷。最好把這幾天所有的言論都細讀，別忘了知識就是力量。**現代女性跟過去女性最大的不同，就是我們可以有自由意志，做我們認爲適合自己的事，不再受不合理的「別人的意志」來支配我們的思想行爲。**

不要說無奈

〈第二度成長〉⑥

儘管今天大多數的女性已不抱着跟白馬王子「從此以後過着快樂生活」的幻想結婚，但是「以爲」並且「相信」會有個美滿婚姻，也是大多數未婚者結婚時的「動力」，否則誰願意走進禮堂呢？

有些人在幸運加上雙方的用心經營下，果然享受着美好的婚姻生活，但也有不少人發現掉進了痛苦深淵。這些人有的拔腿跑掉，有的死心蹋地認命，有的則哀嘆無奈。跑掉的忍了斷腕之痛後，也許又開了一片新天地；認命的把痛苦讓上蒼分擔；唯有那些既沒勇氣跑掉，又不肯咬牙承受，只讓無奈沒日沒夜啃嚙的人，我覺得最是痛苦。

這一類的女性中，有的是，跟婆婆或其他家人關係惡劣（絕大多數是女人之間的關係），但是跟丈夫還有感情，更捨不下子女。於是自己努力逆來順受，委屈求全，卻總是無法改善。這時就會抱怨爲什麼別人不能像她一樣，也知道忍讓、體貼？

忍讓、體貼可以算是成熟人格中的一部分，然而眞正成熟的人也會知道，只是抱怨或期待別人懂得忍讓、體貼，卻沒有具體的行動去幫助，甚或帶點强制幫助對方改變（何況改變是如此因難，甚至不可能），那幾乎是不會有結果的。

有些成年人的成見是多年凝固成的鐵石，極難化開分毫。這時候任你怎樣委屈也無法「求全」，不如改變方式，用瀟灑幽默的態度，或用堅定講理的態度。過去如果是常向丈夫訴苦的，現在絕口不說，反過來大大誇讚婆家人人都好、都可愛；過去一受委屈就流淚暗哭的，現在把種種誤解當笑話看。

逆來順受和委屈求全是過去對媳婦、妻子的要求，今天的女性不必再秉承下去，因爲這對人對事都不是解決的方法。家人相處，固然不能事事都爭個理字出來，但是像誰都敢捏的爛柿子一樣，也往往會助長了欺凌者的惡風。使對方混淆了是非黑白，在品德上有了缺陷而不自知。

所以不要消極地哀嘆無奈，只期待別人改變，要積極的先改變自己，堅强的面對問題。

〈第二度成長〉⑦

仍然是必須愼重的事

婚姻以外的任何關係對大多數的女人來說，都隱含着不安、恐懼、迷失與複雜的情緒。也許那可以使一個未婚的女性生理成熟，但在心理上一定困擾多於其他的感受。

尤其大多數的中國女性，還不能把跟男性同居等性關係看成「若無其事」，而坦然面對自己、家人、親友或同學（同事）。因此，如果有了性關係卻因某些原因不能結婚，無論後來是分手或是跟對方一直維持下去，都可能會影響這個女人的一生，而且是可悲的壞影響居多。

分手，身心都受創傷，更可能延續到結婚以後。在仍然只有片面貞操的社會道德標準下，往往女方會因愧疚、男方會因不甘心而使得婚姻產生裂痕。以前我曾贊成對這方面不妨坦白，但看到太多實例以後，我不敢再作這種建議，因爲我發現成熟而又懂得眞愛的男人太少。他們只能接受男性可在婚前有性關係，而女性絕不可以。但是我並不贊成在這方面爭男女平等，我認爲無論男女在這件事上最好都謹愼一點，但一旦曾經發生，卻也不能因此而抹殺對方的人格及品德。除非是用性來作爲欺凌或欺詐而危害到他人的工具。然而大多數男人卻不能從這個觀點來看，因此這一點成了破壞婚姻的因素之一。

若是一直維持下去，時間久了會成爲爭吵的焦點。少女時和別人同居也許眞的不在乎形式或名分。那是可以把愛當飯吃的浪漫時期。可是到了中年，浪漫卻成了空虛，名分似乎才是實實在在的東西——特別是自己沒有精神寄託和中心生活的女人。

所以**在年輕時糊塗一個短暫時期，也許未來一生受害不大，但卻不能一直糊塗下去**。像法國婦運先驅西蒙・波娃那樣智慧的女人，在那樣的環境中，才能與像沙特那樣的智者，維持終身沒有婚姻形式的親密關係。而我們一般女人，爲了自己心理上的安寧，還是必須好好考慮，愼重處理，以免痛苦。

知識不會教壞女人

〈第二度成長〉⑧

「有些女人本來活得好好的，很滿意自己生活的環境。現在被你們一嚷嚷，就也爭這爭那起來了，又要辦什麼夫妻財產登記，及要爭什麼自我，弄得天下大亂。」幾位男士在看了華視晨間節目「今天」裏的「婦女與法律」以後，向主講的陳玲玉律師抱怨。而這一類的抱怨，「一個女人的成長」專欄中也收到過。

如果某一位太太因「知」而發現自己原來失掉這麼多「人權」，進而爭取的話，那表示「亂源」早就存在於那個家庭、那對夫妻之間了。妻子的滿意事實上不過是一種表象，甚或是無奈和認命。她的內心可能像一座表面沉靜的活火山，不知什麼時候會爆發。曾有女人在五六十歲子女長成以後，堅持要離婚。我曾問她們爲什麼幾十年婚姻生活都能承受，快到晚年反而受不了？她們說以前忙着照顧孩子，從沒時間和心情想到自己；現在孩子「脫手」了，才發現自己的生活多年來有多委屈，多麼不能忍受。

如果一對夫妻之間沒有那「亂源」，那麼任何「新知」也不會影響她。絕大多數的女人一旦有了家以後，都會死守不捨的。只要她能忍受，她不會輕易放棄她的王國。相反的她會從種種知識和別人的經驗或建議中，時時充實自己，修正自己的觀念，肯定自我的價値，認清自我的角色，做一個眞正成熟的女人。

這樣的女人不會無理取鬧，不會逃避責，不會成爲丈夫的包袱。她因爲懂得自己在婚姻中的權益，進而也了解自己在婚姻中的義務；也進而更能體諒丈夫在婚姻中也背負不輕，她應該盡力做一個最好的「合夥人」。

眞正把知識消化了的人，絕對會隨知識增加而成長、成熟。**只有幼稚的女人才會在知道一點點「女權」後，會把天下弄得大亂**。更何況這樣的女人在無知的情況下，可能把天下弄得更亂呢。

〈第二度成長〉⑨

成長，請從參加社團做起

如果用「修身、齊家、治國、平天下」來形容女性成年以後的進步歷程，據我了解，大約百分之七十的女性正在努力修身、齊家。放眼看世界，像菲律賓的新總統艾奎諾夫人，及其他幾位女性領袖，躋身於治國行列，畢竟是少數中的少數。

不過，治國也不是總統或首相一個人的事，我們甚至可以拉低縮小到每個人所做的工作，都跟國家社會息息相關。但是單看國內女性除了家事和職業以外，關心和參與社會的情形似乎還嫌不夠。臺北市近年來有一些女性成長團體，大家聚會互相鼓勵學習，並且邀請專家演講，增進教養子女、夫婦相處等學理和方法；的確讓參加的女性加强了自信心和拓展了知識。成立較久、有經驗的團體也做了一些關懷社會的工作，像「知音園地」會員送書到離島小學就是一個例子。

因此儘管大部分女性成長團體，還是著重於修身齊家，但是起步總比不起步好。而且團體之間也可以互相溝通，彼此學習。所以每一位成年的女性，最好都能參加一個或更多的團體。或是在自己居住的社區，組織一個團體。特別是空閒時間較多的純家庭主婦，只要有人發起，一定會有人參加。**我們可以從關懷自己的社區開始，社區內的治安、環境、交通等都是需要關懷的問題。如果發現不理想，就參與改善的工作。**行政院推展的「加强家庭教育，促進社會和諧」的五年計畫方案，我們了解多少？可以參與的有多少？似乎都是值得在社團裏討論的。

常有純主婦朋友來信談到，生活除了相夫教子以外，究竟還有什麼能做的？不斷學習固然是值得努力以赴，但是付出關懷和實際去做，會更有收穫的喜悅。如果我們永遠停留在修身齊家的階段，那和我們的老祖母並沒有什麼差別，我們的進步也等於停滯不前。一個現代女性的成長不應只局限在這種程度，教育普及、經濟獨立、觀念思想的改變，都讓我們能更跨出一步。請先從參加（或組織）一個社團做起吧。

〈第二度成長〉⑩

成熟的人懂得選擇

出乎意料，今年（一九八五年）全美傑出女工程師獎的得主林穎珠女士，在聯合報系主辦的「通俗科學系列演講」中，竟用她本行以外的「學問」——婆媳之間、夫婦之間，吸引了聽衆的興趣。這眞是現代的「男女有別」，相信沒有一位男性科學家會上臺講這樣的學問。也可以看出女性要想在男性傳統獨佔的世界裏軋進一脚，需要付出多少的努力。如果她想像男性一樣兼得事業與家庭，還必須要男性的支持才能得到。

林女士的經歷中，有幾點我覺得最可讓年輕的、剛結婚不久的女性深思的是：第一，她懂得接受別人的意見，而且能判斷那意見的正確性，同時實行；第二是面對問題時，會冷靜反省分析，然後選擇最好的，並且不認爲退讓就是輸給了對方。

第三是跟丈夫一樣，尊重對方，不强把自己的意見加給對方，人與事分開。

這些正是成熟的性格。我相信如果林女士的個性强卻不成熟的話，一定又是另一番結果，能不能兼得事業與家庭，能不能在事業上有這樣的成就？恐怕都很難說了。

婆媳之間有千百年敵對的傳統，最難和平相處。强的一方尤其不願退讓，總覺得一讓步就全盤皆輸，甚至失掉了家中的主權。而現代受過高等教育的年輕女性，大都在娘家時只按父母的要求「把書讀好」，在人際關係中沒受過什麼委屈，婚後當然也處處不肯吃虧，造成很多「新時代的婆媳問題」，受苦的是丈夫。**別人的意見不一定全都是對的，但是我們不能否認很多第三者的經驗，是智慧加生活體驗的結晶，會有適合自己參考的地方**。成熟的人就會選那適合自己的善加運用，省掉很多碰破頭、碰碎心的「再體驗」。

至於夫妻之間相處，也有很多金科玉律，只是性格幼稚的人不懂得怎樣實行，甚至執着的自認「做不到」。譬如「尊重對方」，我就聽人說過：「憑什麼我要先尊重他？他爲什麼不先尊重我？」那麼這條金科玉律就永遠也無法實行了。

〈第二度成長〉⑪

強者自救

「國內到底有沒有替不幸女人講話的機構？有沒有人可以幫不幸的女人出面抱不平？……」電話那頭的聲音從憤慨漸漸轉爲悲痛，接着是哽咽不已，而我越聽越覺得自己無能爲力，最後我把她轉介給「慈暉協會」。

美國影集裏的嬌娃法拉・佛西，最近洗盡鉛華演出一部頗爲引人注意的影片「燃燒的床」，敍述一個受丈夫一再毒打，最後在神志恍惚中澆汽油把丈夫燒死在床上的女人，幸而碰上一個有良知的公設辯護律師，終於使她無罪釋放。

前些時看郭小莊把歷久彌新的家庭悲劇重現舞臺，劉蘭芝式的悲劇女性至今尚未絕跡，但是大部分焦仲卿式的丈夫卻不大一樣了。他們到後來都會受父母親的影響，而逐漸加入父母的陣線，一起迫害家裏的外人——媳婦。因此今天的殉情只見於不能結婚的情侶，丈夫對妻子大概不會以死相殉了。

在電話裏哭訴的，正是一個「孔雀東南飛」式的悲劇女主角，但她丈夫不是焦仲卿，她正面臨全家人逼使她放棄孩子和丈夫的命運。

我不知道女性處在這個四面楚歌的環境裏，除了堅強、更堅強以外還有什麼其他的辦法。一是堅決不離開自己的家，因為這是法定的權利。「兵來將擋，水來土掩」，不必向誰訴苦，也不必抱怨，可以裝聾作啞，也可以據理力爭，或是用善意的技巧，扭轉對方的惡意相逼。

一是主動放棄，用自己的力量再創一個新的生活，活得更好讓對方後悔。要有一個心理上的準備是，娘家人大都無可奈何，幫不了多少忙，婆家人自然是「胳臂往裏彎」，中外都一樣，在「燃燒的床」影片裏，那婆婆在法庭上也昧着良心講話，硬辯說兒子無辜的。

至於輔導機構，大都眞正只是一種輔助的力量，自己若不堅強誰都幫不了。在一個女人的成長過程中，可能會有遭遇磨難的時候，這時，惟有強者才能自救。

〈第二度成長〉⑫

應變和選擇

一個人的性格不容易改，但是觀念可以改，而且越是能適時改變觀念的人，越能夠適應並解決他面臨的問題。如果用舞台和戲劇來形容人生的話，夫妻可以說是搭檔最久（假如不離婚，至少夫妻剛結婚時並不會打算離婚），也最密切的同台演員。在長達幾十年的演出當中，基本劇本不會改變——維持一個美好的婚姻——但是一定會出現外在環境改變的干擾，而影響到兩個演員的情緒。

譬如說一對夫妻剛結婚時，雙方都認爲他們可以按「男主外、女主內」的傳統來生活。然而逐漸地家庭人口增加，經濟負擔加重，妻子必須外出工作分擔。這時如果仍然執著當初的觀念，男方會產生不情願、慚愧、無奈等情緒，而女方則感到委屈、疲累、有罪惡感等，因爲男方認爲「養不起老婆」是丟臉，女方認爲沒有完全盡到家庭主婦的責任而內疚。其實大的環境不斷改變，任何一個家庭的小環境也不斷在變，「應變」十分需要。

再譬如對孩子教養的期望，剛出生時父母「理所當然」地期望他讀書成績好，一路順利地考上好學校，然後放洋深造。然而隨著孩子的成長，父母會發現連同胞手足都有不同的個別發展以及不同的性向。父母如果執著當初的期望來勉強孩子「就範」，成功極可能無望。而且大環境也有所改變，比起十幾年前，社會上逐漸不再重視名校、成績好等背景，而重視眞才實學，如職校生出路越來越好，父母若不能應變，結果是兩代都痛苦。可怕的是那孩子說不定走上爲害社會的歧路。

在漫長的演出期間，這一類例子多的是，**成熟的人懂得適當應變，也懂得「萬變不離其宗」，不忘基本劇本是維護家庭和婚姻美好的條件**。對個人或家庭的不良變化，則知道並有決心摒棄，因爲並不是每一種變化都是有益的，毫無主見的「人變亦變」，絕對有害無益。譬如現在流行小留學生、「太空」家庭，你要不要跟著變？就頗需要思考衡量一番了。成熟的人知道應變以外，還知取捨，不會照單全收的。

家中女性的人際關係

〈吾愛吾家〉①

儘管小家庭越來越普遍，但是存在於女人間千古難解的「婆媳問題」，仍然困擾着現代女性。除此以外，姑嫂、妯娌等女人和女人之間的人際關係，也讓不少現代女性在嫁到一個家庭以後，影響她的心情和生活。

「女人的敵人是女人」這句話，往往在家庭中更加顯著眞實。婆媳則是頭號敵人。這場敵對戰中，不一定都是婆婆佔上風，有經濟能力的媳婦也常不把婆婆放在眼裏。但無論誰勝誰敗，如果不能「化敵為友」，就是家庭的危機。

至於姑嫂、妯娌，由於來自不同的家庭，性格、觀念等自是不同，有時為了各自的利害關係而彼此爭暗鬪，要結成眞正的朋友必須花費一番工夫。在我的讀者來信中，妯娌不和的原因還包括了家世地位、陪嫁多寡、學校文憑高低等，當然富的壓倒貧的、高的壓倒低的。婆婆會勢利偏心，丈夫日久也會因妻子變得驕傲或自卑。而姑嫂之間有的卻特別和諧，因爲哥哥娶的是妹妹的同學，或同學的姐姐等，反不像以往那種「小姑難惹」了。

從這些情況來看，中國人的婚姻依然是「兩家人結合」，而不僅僅是兩個人的結合，沒有太大的改變。也因此進入一個新家庭以後，女人要「攏絡」的不是這家的男人，倒是這家的女人。

現代女性在處理家中「女性人際關係」時，和過去也許會有些許不同，如果能用明理明辨來代替一味溫順、用公開討論來代替蜚短流長，可能不會讓自己太苦，也不致引起家人間的勾心鬥角。而溫厚、體諒、熱忱、坦誠等人性的光明面，也一定要保持並發揚。

總之，女人若要女人的未來更好，則不論在哪種環境，都應該彼此互助合作。如果還有「孔雀東南飛」那樣的故事，那是女性之恥。爲利害而自相殘殺，那是女性之悲，都不是現代女性的作爲。

〈吾愛吾家〉②

早佔一席之地

這個題目並不是鼓勵妻子要在家中霸佔地盤，不過無論婚前是多麼恩愛，只能算是感情的基礎，不完全等於婚姻的基礎。婚姻的基礎要從結婚那天開始，一點點、一滴滴去摸索，去碰撞，去試驗，來慢慢奠定的。這過程會充滿了酸甜苦辣，很多滋味都可能是婚前戀愛時沒嘗過的。其中，爲自己在這個婚姻中佔一席之地，是一件重要的事。

在心靈上，一定要保留一部分完全屬於自己。愛丈夫，愛他的家人，但別忘了愛自己。**愛自己不是爲自己爭什麼權利，或享受什麼，而是長保一分心靈的清明、美好，不受煩瑣的家務侵蝕。**爲什麼很多女性在結婚幾年後，完全失掉當年的清純而變得庸俗？青春的消失只不過一部分原因，大部分還是婚後的女性聽任瑣務腐蝕，把少女時愛美（心靈的）、愛詩、愛夢一類的愛逐漸拋棄得無影無踪。

當然，我們不可能永遠像二八年華時那樣「不食人間煙火」，但是我們可以在成長後把這些落實爲行動，那就是不停止的追求知識，包括了藝術文學。不讓厨房裏的煙火把我們的心靈燻黑，那不是靠化粧品、衣飾美化的，只有知識才能讓女人不俗。

其次是不管家務多少，要爲自己畫一席之地。我常覺得現代的房屋設計，就認定了女人只在厨房和臥室打轉。他們會爲男主人設計一個書房（雖然他不一定讀書），但絕不會爲女主人設計一個角落，在這個角落裏女主人可以純粹做自己的事情：看書、寫信、聽音樂，或者只發發呆休息一陣。只要運用一點巧思，甚至厨房、臥室，或客廳的一角都行。雖然主婦「統治」全家，但那都是和家人共享，這和有一角屬於自己是完全不同的。

爲自己早佔一席之地，可以預防未來的心理障礙。多少中年婦女在子女長大不需要她照顧食衣，丈夫事業她插不上脚時，常會回顧半生全奉獻給家人，絲毫不曾爲自己而覺得委屈、空虛，所以未雨綢繆是需要的。

〈吾愛吾家〉③

進文化場合要像進市場

大多數女人一結了婚，就一頭栽進一個以丈夫爲中心的圈子裏。如果她有職業，那麼還好還有同事在圈子外圍，但是她婚前的好友可能因彼此丈夫之間沒有聯繫就逐漸疏遠了。一個主婦會經常在家燒幾道好菜，由丈夫邀請他的朋友來家小酌，但卻很少有太太特地爲自己的朋友在家擺上酒菜的。

這是普通生活上的寂寞，若要想在婚後有三兩個興趣相投的朋友排除精神上的寂寞，更是難上加難。《民生報》在婦女節專題中討論「怎麼使文化藝術走入家庭」，其中有位林黃幸惠女士的話，最讓我印象深刻。她說：「像我這種家庭主婦，對參加文化活動實在有心，錢也不成問題，可是沒有伴，自己常常想一想又不去了。家裏附近有文化中心，孩子和我都很想去借書看，可是又要照片，又要辦手續，很不方便。還有，像我這樣的家庭主婦，很少人去使用這個文化中心，我想想也不好意思去了。」

的確，一個女人有勇氣獨自上菜場，上百貨公司，但是卻缺乏上圖書館、畫廊或文化中心這類地方的勇氣，我想根本原因仍然是傳統角色認定的後遺症。菜市、商店是女人必須要去的地方，而文化場合是男性天地，一個女人去的確需要勇氣（中年女人似乎尤其缺乏這種勇氣）。婚前志同道合的同學朋友，也由於各自有個以丈夫為中心的圈子而難越雷池，於是那一類傳統不屬於女性的天地，縱然在現代社會裏也少見女性足跡。

然而我們若決心做一個現代女人，不論教育程度如何，只要覺醒必須吸取知識，充實內涵，馬上就要積極行動才有收穫。**我們要自我訓練，用成熟的態度來面對這一道「不好意思」的障礙**。為了增加勇氣，不妨先從近鄰中找一位來互相鼓勵、互相扶持。等習慣進出那片天地以後，也就會像上菜場、百貨公司一樣地自然了。

在成長的過程中，吸收知識是絕對重要的，同時也是為晚年未雨綢繆。

〈吾愛吾家〉④

讓全家人走入廚房

婦女節前後，從各種傳播媒體上看到很多女性或接受訪問，或發表文章，無論問的、答的、「自說自話」的，常見到女強人、家庭事業、發展自我等名詞。幾位純家庭主婦對我發牢騷說：「我們這些走不出廚房的女人似乎沒人注意，難道我們就不重要了?」

其實，結了婚的女人誰又走出廚房啦?而且爲什麼要走出廚房呢?人除非可以不吃飯，否則廚房永遠是家中重地。很多年前我讀過一位母親寫的文章，描述她每天下班回來在廚房做晚飯，丈夫孩子陸續回來後都鑽進廚房來，一邊幫點小忙，一邊跟她談這談那的，整個廚房充滿了歡樂，伴著一道道熱騰騰端上桌的菜，拿筷子擺湯匙的聲音，眞是溫暖極了。這樣的廚房是人間樂土，爲什麼要走出去?

現代厨房應該寬敞、明亮、整潔，能容得下全家人在裏面活動。母親不但不必走出去，還要用種種技巧把家人吸引進來。**這塊樂土應該是全家人同來後第一個喜歡進來的地方，主婦當導演，全家人可以即興演出，讓他們接下鍋鏟表演一兩道菜**。事實上現在的男人有很多人的掌厨藝術十分了得，只要他們願意並且喜歡做，他們的成績就會有另一種成就感。怎樣誘導他們經常願意並喜歡進厨房，就全看主婦的功夫了。有些主婦把厨房當作自己的「轄區」，不願丈夫或兒子來攪和，一方面卻又怨厨房埋沒了她，豈不是矛盾？或是成天抱著不甘願、委委屈屈的心態在厨房打轉，然後羨慕不進厨房的女人「好命」，就更是一種自尋苦惱的生活態度了。

儘管科學家預測未來的厨房不再用來煮飯做菜，只是一些儀器烘熱已成形的食物，在幾分鐘內就可享用一席佳餚。但只要活著，我們就需要一個溫暖、祥和的進食地方。如果每人端一份食物在自己房間吃，那也就不必要結婚成家了。既然家裏不能沒有厨房，既然家人需要厨房，我們爲什麼不積極的面對厨房？不但不要走出去，而且讓全家人進來，把厨房從布置到氣氛都變得更美好，可以測驗出一個女人的成熟度。

〈吾愛吾家〉⑤

保護自己的巢

不能和諧相處的夫婦，在還沒有孩子以前，比較能夠瀟瀟灑灑地接受用「合則留，不合則分」的方法來解決。但是跟一個人結成夫妻未嘗不是一分值得珍惜的緣分，在孩子來臨以前，如果能好好把不和諧的成分一點點消除掉，也可能是一個白頭偕老的婚姻，並且爲未來的孩子準備一個適合他正常成長的環境。

而沒有孩子以前，夫妻間的問題也比較單純一點，除非雙方的父母親或親戚介入太多。這種介入如果有適當的程度，可以增加小夫妻之間的生活情趣，甚至還可以沖淡夫妻間某些不愉快的情緒。但難的是有些人硬是不知道適當的界限在哪裏，所以才會有不准兒子媳婦晚上關門睡覺的婆婆、有認定哥哥嫂嫂該負擔他食宿的小叔及小姑、有不借錢給他會罵人的親戚。結果把人類原來互愛互助的美德，變成了糾結難解的死結。

無論是在怎樣的情況（戀愛、介紹、相親等）下結成夫妻，組織一個小家庭（或在大家庭中組成「一房」）以後，夫妻都要有個共同的心願，盡力保護這個屬於兩人的小巢，因爲要在這個巢裏養育下一代。縱然不養育下一代，也是夫妻兩人在塵世間的小小樂園。看過一些小巢的破碎，就是因爲外來因素造成，所以防微杜漸是很重要的。尤其**今天大多數女性還是把一個幸福的家，看成終身的寄託，就更需要多付出一些力來保護自己的家**。

如果發現親友有不合情理的要求時，就要溫婉而堅定的拒絕，不能抱着明知不合情理卻委屈，甚至痛苦的接受，幻想「以後會好轉」，結果大都是不可能的。若親友是丈夫那一方的，拒絕也許會引起丈夫的不滿，但接受卻極可能破壞了小家庭。至於丈夫的不滿，可以用柔情、用解釋等方法來化解，只要沒有外來因素，總是簡單多了。

當然，自己更不能把外力帶入，娘家的財勢是娘家的，不能依仗；娘家的困難可以衡量能力，並且在跟丈夫商討後協助解決。這不是自私，因爲只有在自己的巢穩固時，才能有餘力拿出去。

成熟有助婚姻的穩固

〈另一半〉①

臺灣大學人口研究中心，今年（一九八五年）三月份曾舉辦了一次「婦女在國家發展過程中的角色」研討會。會中各方面學者專家的研究報告少有出現在大衆傳播媒體上，不知是婦女問題不受重視，還是人們認爲婦女已沒什麼問題？但其中鄭爲元及廖榮利教授研究的已婚職業婦女間處理金錢態度，卻引起很多的興趣。事實上這也正是不少夫婦頭痛的問題，嚴重的可能還引起婚變。

我覺得一個人的心理是不是成熟，可以從他婚後處理夫婦間的金錢看得出來。不成熟的人比較自我中心，沒有安全感，往往誤以爲掌握了所有的錢財就能穩固在家裏的地位，因此「你的是我的，我的也是我的」，配偶要想從他手上拿點錢就等於分割他的地位。心理不成熟的女性可能會有兩種情況：

一是自己有職業有收入的，由於存着「丈夫該養家」的傳統第二性觀念，認爲自己賺的錢頂多貼補家用，不該全部拿出來，否則「嫁丈夫是爲了什麼」？

一是純主婦，收入全是丈夫的薪資，更增加了不安全感，非把丈夫所有的收入「搜刮殆盡」才放心。成了電視連續劇裏典型的「悍婦」，但卻不一定能保住她在這個家庭裏的地位。

我覺得處理婚姻中任何問題，都像處理錢財一樣。不成熟的人使問題變得複雜難解，變得使雙方痛苦而影響感情，動搖婚姻的基礎。**如果夫婦中有一人不成熟，就算兩人原本是你儂我儂，也經不住一磨再磨，最後反目成仇。**

女性在結婚以後，應趁着雙方情意尙濃時，處理好與丈夫的錢財問題，感情淡時這問題就敏感了，不好處理。

有位讀者問爲什麼報章雜誌上的文章，都在教女人要如何如何，卻不教男人也該如何如何。這當然是不公平的，但是佔一半人口的女性必須先成熟、心理健康、思想進步，然後才有能力去改變所有不合理的現象。

〈另一半〉②

幽默就是力量

最近聽到一對夫婦要離婚，男方的理由是受不了妻子成天拉長臉，讓他像天天生活在陰天，而且還有個債主睡在床上。當然這構不成離婚的理由——至少在我們的法律下。其實據認識他們的人說，那位太太除了「臉相」不好看以外，卻是很賢慧的妻子。十分勤儉持家，對丈夫更是聽話到有點敬畏的樣子，所以把家整理得沒話說，也能燒一手好菜，而且五官端正。

實在的，夫妻間很多問題別人很難體會透澈。但是跟一個嚴肅到不大會笑的人做配偶，在這樣一個緊張忘碌的社會裏，可能眞會讓大部分人吃不消。我曾接到過一些做妻子的抱怨信，說她們的丈夫沒有半點壞嗜好，也相當照顧家庭，就是回來後還正正經經的，讓她們不知怎樣引起他談話的興趣，而使整個家庭生活乏味無聊。

曾經讀過一本書名叫《幽默就是力量》（遠流《大衆心理學全集》），我想在家庭中尤其需要這種力量，來讓家眞正成爲溫暖、舒服的窩。不過眞正的幽默卻是成熟而有智慧的人才能掌握眞諦的，那不是油腔滑調的耍嘴皮子，也不是尖酸刻薄的譏嘲，是在溫柔敦厚中用靈慧的「心眼」，找出生活中有趣的事物，讓人聽了會心一笑，或忍不住捧腹噴飯，同時調侃自己遠比調侃別人更能得到幽默的效果。

有人說懂得幽默的女性比男性少，如果是眞的，那是由於女性傳統的包袱太重，再加上心胸和見識都比男性較窄淺，日常生活瑣繁的結果，不是智慧不如。我覺得成天笑臉迎「夫」倒也不必，但是不妨學習怎樣用輕鬆幽默的態度來跟丈夫（包括家人）相處。當然生性和成長的環境拘謹嚴肅的人，要改變是十分困難的，但是這也是成熟的特質之一，多讀點幫助自己成熟的書（好小說也有專業書的功效），多關心家以外的世界。**對鏡子練習微笑是一個最實際的方法，妳會發現笑的臉一定是比較可愛的**。經年累月持家相當辛勞，笑笑也可以取悅自己。

〈另一半〉③

幫助他成熟

馬克吐溫有幾句話描述夫婦之間的不快：「娶了個像母親一樣的太太，下班回家後替他拿拖鞋，照顧他，但是卻不准他抽心愛的雪茄煙。」據說愛因斯坦對這幾句話深有同感。

太太看了當然生氣，不准他抽雪茄是爲了他好，不關心他的話就不顧他死活了，他愛抽就讓他去抽！

女人在家裏對丈夫或子女往往是「愛之深，管得多」。全家人的衣食住行自不必說，都是女人份內的事，丈夫的嗜好也必須在管轄範圍以內，才算是賢妻。但是如果每位太太冷靜地想一想，丈夫的嗜好妳究竟能影響多少呢？婚前壞的嗜好，譬如吃喝嫖賭，那不會因結婚而改掉，好的嗜好結婚後也不見得能因妳而培養出來。

所以如果一味從表面上來管轄，或禁止，到頭來不是鬧翻，就是睜一眼閉一眼過下去。

不過我不是消極地建議女人不關心丈夫、子女，只是奉勸女人婚後要了解，維護兩人之間的感情，遠比直接管他更容易讓他改變自己。

老實說，每個成年人大致都懂得什麼該做，對自己（或家人）有益，什麼不該做，有害，只是不成熟的人缺乏行爲的勇氣和自制力。在這方面如果妻子能幫助他，對他才是根本上的幫助。不准他抽雪茄，就不如幫助他下決心戒雪茄，並幫助他徹底戒掉。協助他培養自制力，以及減輕他因戒除嗜好所產生的情緒困擾。

我會再三强調成熟有助穩固婚姻；事實上，成熟的女人可以幫助丈夫成熟。傳統的說法「通到男人的心最近的路是胃」，我認爲已不完全適用於今天，那是籠絡，尤其今天年輕的男性大都已不像過去男人那樣講究菜餚口味，主婦如只徒然會燒一手好菜，卻不了解丈夫的心理，那條「近路」也許並不能通到他的心。

所以要經過他的腦子，了解他，然後再通往他的心。母親一樣的太太，不如知心朋友一樣的太太，因爲現代人的生活比過去複雜多了，所以還是做他的紅粉知己吧！

〈另一半〉④給對方自由

這是我親眼看見的一幕，時間是下午一點半，幾個朋友正在討論一件事，其中一位忽然站起來，神色稍有倉皇，說他一定要去給太太打電話。等他回來以後，大家追問何事，他說太太規定的，每天中午一定要打電話回家報告行蹤。結果那天中午他忘掉了，在電話裏頗費了一番唇舌才讓太太相信他不是故意的。當時座中有一人幽幽地說，你們結婚不到一年，怪不得你肯接受這不平等條約，五年以後再看你還能不能遵守吧。

結果第三年他們就離了婚。這件事距離現在已有七八年了。

常有年輕人問，怎樣維護夫婦情感長久呢？對性格特殊的人來說，可能有特殊的方法，而對一般人來說，大原則無非是互諒、互助等。其中有一條也許是現代夫婦很需要的，就是給對方自由。因為現代人生活大都繁忙，人際關係也遠比過去複雜，如果再加上一條由太太(先生)拴住的鎖鍊，此人最後一定掙脫鎖鍊逃走。他要應付的太多了，不可能再加重心情的負擔。

一個成熟的女人也該有這種自信，給丈夫自由絕不會失掉他，只有妳眞能了解他，是他少不了的知心人，他就是人在天涯海角，心也還是在妳身邊。反之有句俗話說得最好，拴得住人拴不住心。有些妻子在丈夫有外遇以後，很後悔的說，就是沒有管緊點才發生這種事。她的閨中好友可能也會加强語氣，怪她沒把丈夫「管」好。事實上一個大男人哪裏是太太管得住的？

人和人之間，無論哪一種關係，黏得太緊，日久必膩，夫婦也不例外。更何況人性中本就有「偷來的果子最甜」的「劣根性」，越防範的越容易偷溜。**給對方自由是彼此尊重，也是最體貼的態度。**

一個成熟的女人在結婚以後，如果沒有孩子，那麼生活的重心是丈夫和自己，有子女後是三足鼎立，份量相等。你可多犧牲自己那一份，但不能失掉重心，就能做到給對方自由愉快，細水長流的穩定婚姻生活。

〈另一半〉⑤

男士下廚？還早！

三月十七日（民國七四年），臺大校園內舉辦的「烹飪比賽」有很多男學生參加，而且有的手藝比女生還出色，因而讓聞者大喜，都認爲男生肯進厨房，是女性之福，可以使未來的家庭更和諧。

當然，未來的大勢所趨，男性一定要逐漸負擔（而不只是分擔）家事，但這中間的進展不可能很快，十幾年、幾十年都未可預料。如果只從男人燒菜這一點來看，也不過只能算是一絲半縷的曙光而已。因爲烹飪是一種技術，也是一種藝術，老實說很多男孩都會喜歡。比賽是一種展示，展示自己的技藝博得別人喝采，跟成家以後下厨做飯給太太吃，其間可是天壤之別，所以我看女性還是不要高興得太早。

這主要是因爲在一個家庭裏，絕大部分男人投注了幾乎百分之八九十（甚至更多）的心力在他的工作上。一個筋疲力盡的男人回到家裏，他心裏只有傳統的要求——太太的侍候，否則他會連婚姻的意義、妻子的「價值」都產生懷疑，比起他的父親來，他會認為太「漏虧」了。今天，縱然是一個現代女性，也會在實在無法兼顧家庭和事業時，放棄後者。這情形，中外都一樣，少有例外。如義國《世界日報》曾報導的一對米勒夫婦，由於丈夫自認妻子的工作前途較有發展，所以辭職在家做飯帶孩子，當家庭「主夫」。他的妻子現在升為一家會計事務所的副總裁，同時擔任美國女性會計師協會的理事長。而米勒先生在「每個人都有他獨特的生活角色」的認知下，做「主夫」十分出色，而且很有成就感。米勒夫婦的情況因為少見，所以成了新聞。

我無意鼓勵妻子把丈夫趕進廚房，反倒要提醒年輕的妻子了解男性傳統角色的轉變，以及互換的趨勢下，大都不容易適應。他們自己不適應，而他們的母親也阻止他們去適應。有了這種了解以後，知道參加烹飪比賽和實際下廚做飯在男人心中分量不同以後，就會用比較成熟、諒解的態度，來處理這些問題。至少不會因此而吵架、而摔東西。堅持平等的原則，但不是任性的吵鬧。至於男士哪天才能有米勒那樣的認知，倒是我們盼望的。

〈另一半〉⑥

如果妻子強過丈夫

「太能幹了沒人敢娶」或「太能幹了嫁不掉」（此地的能幹不是指做家事），是一些未婚女子焦慮的情況之一。曾有位讀者告訴我，她由於就讀的大學是公認的一流學校，而丈夫則是第「三流」大學畢業，爲了怕引起丈夫的自卑而使得家庭發生悲劇，因此放棄了赴美進修的機會。但是沒想到悲劇仍然發生，她丈夫還是從偷偷摸摸外遇，進而到公開承認有了情婦。

曾讀心理學家談到很多女性「害怕成功」的例子，可憐的女人，哪怕她原是孔雀、是鳳凰，在她打算共度終身的男人面前，也得變成一隻小母鷄才有安全感。

既然女人的成功那樣讓男人受不了（尤其讓丈夫受不了），婚前在工作上小有成就的女性結婚後，究竟該用什麼態度來跟丈夫相處呢？最近有幾位讀者跟我討論這個問題。今天學有專長、機遇好、工作能力强的年輕女性，可以在畢業後短短幾年闖出點名堂來。但男性要事業穩固有成績可能要在三十歲以後，因此「妻强過夫」的例子可能越來越多。

為什麼「夫强過妻」不會發生問題？那是由於傳統認定男女角色應該這麼扮演，所以雙方都很自然。除了少數不成熟的丈夫在妻子面前擺出「事業成功者」的嘴臉以外，大部分丈夫在辦公室發號施令，回到家也許還是妻子的「乖寶寶」。妻子不會有變成丈夫屬下的錯覺，並以丈夫事業成功為榮。

但是情況倒置以後，（且不談男性的反應，因為我們討論的是女人的成長）妻子可能在潛意識裏受傳統角色認定的影響，覺得丈夫竟比不上自己而輕視他。甚至一發生衝突時就下意識的「反咬一口」，說丈夫不能容忍她事業成功。

所以我認為「**妻强過夫**」**的時候**，**女性最忌把那**「**强**」**字顯示出來**；也最忌青紅皂白不分的、情緒化的處理兩人間的衝突。而且在大多數以賺錢多寡來衡量一個人的價值的今天，妻子若先以衡量賺錢較少的丈夫的價值，那就不能怪丈夫在乎妻子比他「强」了。

〈另一半〉⑦

妳該有合理的零用錢

已婚婦女到社會上工作的諸多原因當中，有一條是「不願向先生伸手要錢」。的確有些丈夫把錢控制得死緊，家用計較分釐，當然更不可能給妻子一毛零用金。今年（民國七四年）年初，美國《世界日報》有篇讀來心酸的文章，敍述一個在超級市場行竊的華裔主婦，被經理逮住一直痛哭。那經理後來知道那天是她的生日後，一念同情不追究，但禁止她再進那家市場。事後她告訴同去的好友說，由於丈夫一毛錢都不給她，她想偶爾送點禮給在臺的母親都沒能力，那天昏了頭出此下策，沒想到當場失風，她羞愧欲死。接着又有好幾篇回響的文章，原來在美國還有不少死扣着錢的丈夫，尤其不准妻子拿一分錢送小禮給在臺的娘家。

在我的讀者朋友中，也有人訴說「向丈夫伸手要錢」的痛苦。曾有一位老太太寧願替人燒飯，也不願侍候她丈夫。

主婦是沒有薪資的，誰會計算她們辛苦工作的「價值」？

前些時一則外電報導，美國洛杉磯有一羣主婦，是屬於「全國家庭主婦薪資運動組織」的，她們揮舞着圍裙、鍋墊和晒衣繩，抗議國民生產毛額裏沒有包括她們未得分文的家庭勞務。她們表示如果家庭婦女的工作列入國民生產毛額，家庭主婦和秉差的母親就更容易爭取福利和育兒補助，全世界可以看見她們的價值——拿金錢衡量得出的價值。

如果妳結婚後做個純家庭主婦，沒關係，妳當然是個有價值的人，妳的生活依然可以過得有意義。但是如果妳的丈夫除了「發」給妳算得死緊死緊的家用，就不再給付一毛錢的話，妳最好在這個「習慣」還沒定型以前，爭取妳合理的待遇。很多婦女偷偷摸摸從菜錢裏點點滴滴攢私房錢，我覺得那是過去傳統婦女的方法，現代婦女不能再沿襲下去了。**洛杉磯那羣婦女在圍裙、鍋墊、晒衣繩上寫着：「婦女也算數，婦女的工作也算數。」是的，如果主婦罷工，丈夫的薪資自然會損失。**當然，我們盼望所有的丈夫都明理，妻子也不必爭，她的臂會往裏彎的。

〈另一半〉⑧

興趣不合不傷感情

「我倆因興趣不合……今後男婚女嫁各不相干。」這可能是一條典型的離婚啓事，但是看看我們周遭的夫妻，究竟有幾對是眞正興趣相合的呢？甚至有些心理學家認爲夫妻如果是同行，有時反而因互相競爭而傷害了感情，除非他們都十分睿智。興趣相投而又婚姻和諧的夫妻是幸運的，他們除了夫妻，又是志同道合的知己朋友。

而大多數夫妻都不可這麼幸運，所以「興趣不合」不應該是離婚的理由。除非：「你要把對方『改造』得跟你一模一樣，你嘲弄譏諷對方的興趣，你不讓對方『享受』他的興趣。」

我很喜歡一個朋友說他們夫婦到國外旅行時，他去看他愛的博物舘，而他太太就去逛她愛的百貨公司，然後約好在哪裏（或回旅館）碰頭吃飯。他不認為她沒有藝術品味，她也不認為他自私不照顧太太。於是雙方都享受到同行但又滿足了自己喜好的旅行樂趣，分享白天各自看到的新鮮事物。

這樣的例子也許極少，但是平時的生活也未嘗不可以照這種方式調節。在娛樂上丈夫愛看冒險電影，妻子愛看文藝片子，那為什麼非要一起去看？丈夫如果喜歡下班在家看書，妻子卻喜歡去參加合唱團，那又為什麼非要硬綁在一起？

有些人看到某一對夫婦不常「同進同出」，就懷疑他們不和或甚至是離了婚。其實**一對成熟的、彼此尊重的夫婦，根本不需要用「同進同出」來「證明」他們之間的情感。**

以「興趣不合」為藉口而爭吵，或是離婚的夫婦的不是太幼稚，就是情感上有了問題。夫婦之間情感融洽的話，你不但會容忍對方的興趣（除非是不良嗜好），也會欣賞，甚至進而接受並且自己也試着去享受對方的興趣。生活中有些事情不可能從配偶那邊得到，反而是知己朋友可以跟你有默契，可以互通心曲，但那應該不會影響你跟配偶之開的夫妻之情。

現代夫妻的體貼型態

〈另一半〉⑨

傳統的夫妻之間的體貼是，丈夫按時把薪水袋拿回家、每天回家吃晚飯、星期假日帶孩子和妻子出去玩玩及吃吃小館子、記得在結婚紀念日或生日給妻子買小禮物；妻子把家整理潔淨、孩子穿得整齊教得好、丈夫孩子回家有飯吃。這本來沒什麼不好，但是在社會急速變遷中，在人們觀念改變中，傳統的夫妻體貼型態今天已經不能完全繼續照樣維持下去。

因爲社會競爭激烈，丈夫很難天天回家吃晚飯，他一個人賺的薪水可能不夠維持全家人比較好的生活、他會忙得忘了所有的紀念日、星期假日也許還排了跟業務有關的活動。妻子如果堅持丈夫照傳統那麼體貼，結果一定失望，甚至懷疑丈夫不愛她，不愛家。

而今天的女性有的是爲了共同負擔家計，有的是不甘心受了教育卻不能到社會上施展，更有的是希望在工作中把持自我，她們在傳統的對丈夫的體貼中分出時間和精力給自己，當然她會有「不夠體貼」的時候。如果丈夫看不清這一點，或也堅持要妻子依照傳統來體貼他，那結果一定也是失望。

前幾天碰到一位朋友，說他最近特別忙，因爲把太太送出國去寫作，他就要兼做太太原來的編務工作以及家事。我十分驚訝地問：「你肯把太太送出去幾個月只爲了寫作？」他笑着說爲什麼不肯，她喜歡寫作，他覺得這對她很有幫助。

這使我印象深刻的幾句話讓我想到，**今天的夫妻之間，需要一種合時代的體貼，那就是「知心」**。妻子也許做不好菜，但是能夠了解丈夫在工作上的情形、知道在他面臨困境時給點什麼建議、知道協助他處理人際關係、明白忘了買小禮物絕不是他變了心、和他一起分享教孩子的樂趣。

在彼此「知心」體貼下，現代夫妻應該比以前的男女更能享受演出多一種角色的樂趣，而使生活更爲豐盛。

〈另一半〉⑩

夫妻間的私屬性

有人認爲，夫妻之間不該有秘密，一旦有秘密就一定影響到夫妻感情。從理論和原則上來看，這都是對的，但是不是爲了表示夫妻之間毫無秘密，雙方就沒有半點「私屬性」的東西呢？這些東見包括了丈夫書房裏和妻子梳粧臺裏的某些物件。是不是爲了表示夫妻間毫無秘密，就得每件事、每個行動都得詳告對方，否則就追究到底呢？

常有結婚不久的妻子抱怨：「結婚以前他什麼小事都告訴我，現在就懶得講話了。」或是：「不知道他書房裏藏了什麼秘密，幫他整理一下都不行。」

而近來由於女性漸漸獨立，也有妻子抱怨丈夫對她事事都要管，常常翻她的皮包。

我想談的是前一類的抱怨。很多男人在追求伴侶時的確挖空心思找話講，而在婚後「惜言如金」。其實這是動物的天性，只要看看求偶時的動物怎樣使盡花招來吸引異性就可印證了。婚後他可以跟同事、跟同性朋友長「蓋」，但回到家卻愛用報紙或電視擋在前面。他有秘密嗎？他變了心嗎？我想大都不是。

教育學家常忠告父母親，要讓孩子保留他自已的小秘密，那是他們的權利，也是他們的快樂。夫妻之間也一樣，丈夫書房不讓妻子去整理，有的是因爲他在亂中有自已的秩序，別人一整理他反而找不到東西了。或是因爲就是不願讓別人碰他心愛的書、有紀念性的小擺設，這別人也包括了妻子在內。但我相信那不都是爲了保住什麼秘密，只是他希望獨享。

成熟的人會了解基本上都有「私屬性」的需求，親密如夫妻也不例外。尤其現代夫妻，不是像傳統所說的是兩個圓的重疊，疊不齊的地方還要竭力修整齊；**應是兩個部分重疊的圓，除了重疊的地方以外，還有完全單獨的自我**。丈夫翻妻子的皮包，和妻子翻丈夫的西裝口袋，同樣是荒唐。再談如果夫妻哪一方眞有妨礙情感的秘密時，那就不是翻不翻能解決得了的問題啦。

夫妻間有適度的「私屬性」，反而可以增進彼此間的生活情趣呢。

〈另一半〉⑪

撒嬌不是幼稚

很多人都知道漢人張敞畫眉的故事，足見保守的中國人，夫妻生活也是很活潑的。以前談到夫妻間也需要幽默這種力量，陸續接到好幾封信，幾乎都說是從小在嚴謹的家庭長大，父親不苟言笑，母親沉默辛勞，自己也是乖孩子。現在結婚後總不能跟丈夫和諧相處，雖然盡責負責，丈夫似乎也不感謝。是不是因爲自己不夠幽默的緣故呢？幽默既然需要知識和智慧，那不是一朝一夕可以培養的，有沒有別的辦法使夫妻間氣氛好一點呢？

有的，撒嬌要比幽默更容易一些。不過從來沒有撒嬌習慣的人，卻也需要練習練習才能不讓人肉痲反感。因爲弄巧成拙以後，會大大削減自信心，就再也沒有勇氣嘗試了。

也許會有女強人不屑於在丈夫面前撒嬌，認爲那是「次等公民」取悅於人的方法。事實上撒嬌並不是女人的專利，丈夫未嘗不可以向妻子撒嬌，子女更常向父母撒嬌。**撒嬌絕不表示自己是「弱」的一方，基本上這是以柔克剛的「技巧」之一，會使夫妻之間只有玉帛沒有干戈，氣氛當然不會太壞。**

但是成熟的人知道，撒嬌的目的只是增加夫妻間一點生活情趣，調劑一下刻板的氣氛，並不是處理事情的方法，也不是解決問題的法寶。如果認爲撒嬌可以達到「不合理要求」的目的，或是成爲推卸責任的方法，或是用來當唯一攏絡丈夫的手段，那可能在情人間有效，在夫妻間說不定變成厭惡對方的原因。尤其是結婚日久，有了「婚姻倦怠症」的夫妻。

撒嬌其實不是幼稚，不成熟的人甚至還玩不好這種「遊戲」，要能自然、合時合地、適可而止，都必須是性格成熟的人才能懂得。否則會讓對方窘迫、反感。成熟的女性也會懂得接受丈夫的撒嬌，了解其中眞正的訊息是什麼。諷刺、取笑一定讓對方難堪，使夫妻間氣氛僵化。

中國傳統的「夫妻相敬如賓」，我覺得並不完全適合今天的夫妻。如能像知友、密友，一定會更加融洽和諧。

〈另一半〉⑫

結婚是一種團體生活

我曾說過結婚第一年是最難適應的時段，很多女性也有同感。前幾天有位太太為了丈夫每次洗澡把浴室弄得淋漓不堪，卻從不擦乾而氣得忍不住吵架。有人勸她為這種小事不值得吵，她說夫妻在一起也是團體生活，為什麼不替對方想想。

眞的，結婚的確是要過一種團體生活，雖然只是兩個人（或四五個人）的小團體，但是一些團體生活中要遵守的原則，卻也適用於夫妻之間。有個很有名的小故事流傳着，丈夫擠牙膏從中間擠，太太卻習慣從底下擠，於是兩人就為此爭吵不休，特別是情緒不好的時候，好像就是沒想過一人用一支牙膏這麼簡單的方法來解決，其實也不是沒想到，就是潛意識不願「夫（婦）規婦（夫）隨」。

夫妻的生活習慣不同是天經地義的事，從小成長環境不同，父母教養方法不同，到結婚時改不了，也不願改。那位太太的丈夫從小在家洗澡，是把水從澡缸裏舀出來，往身上沖；她從小在家洗澡，母親不准她把一滴水弄到缸外，所以她婚後佈置浴室是放了小地毯的。

有人睡覺時要看書，有人一點亮光就睡不着。有人打雷也吵不醒，有人針掉到地上都嚇一跳。有人一大早就非起來不可，有人是夜貓子早上起不來……這種種都不會因結婚而有所改變。

我見過一個積極的例子，有位太太因上晚班，早上十點左右起床，丈夫則大早就在浴室洗刷，電鬍刀開得滋滋響。她常常被吵得怒火中燒，發作吵過幾次也不見好。後來她在晚上洗澡時就把浴室關得緊緊的，躺在床上看書的丈夫問她關什麼門，她溫柔地說怕吵了他看書。第二天早上她睡夢中覺得特別安靜，朦朧睜眼一瞧，只見浴室門緊關着，幾乎沒什麼聲音透出來。

團體生活中重要的原則是，尊重別人不同的生活習慣，儘量自愛，多替別人着想。如果發生衝突時，想辦法解決，而不是光吵着離婚。妻子如果能多用幽默、溫柔方法，則大都能解。

一個茶壺，幾個杯子？

〈成熟對外遇〉①

「讀『一個女人的成長』專欄，覺得妳這樣强調成熟，似乎認爲成熟可以解決一切的問題，眞的嗎？那麼成熟能不能解決外遇問題呢？」一位讀者問我，並且附了一疊厚厚的信，談她碰到的外遇事件。

不，成熟不能「解決」一切問題，但成熟的人懂得分析、選擇，並且設身處地考慮。分析使他頭腦清楚；選擇使他不至於自苦或苦人；設身處地考慮使他不偏激。能這樣，雖並不能直接解決問題，但問題會間接的減輕了殺傷力，甚或消失於無形。

談到外遇，我想就多年來接觸到的信件和面談的例子，把它分類歸納成幾種。

第一種我叫它是「遺傳性」的，病史長達千年，而辜鴻銘「一把茶壺要配幾個杯子」的名言，使此病時時死灰復燃。

他的祖父、父親都有妻有妾，他覺得「大丈夫亦如是」。終於有了女朋友以後，他坦率地告訴妻子，並且要求妻子答應娶她進門，他保證會絕對公平。當然第一次他被拒絕了，但是在他第八次要求之下，妻子點了頭。

可是感情上的公平實在太難界定了，儘管他每樣東西都買兩份，卻仍然在一個眼神、一句話、一個動作上被兩個女人指控爲不公平。妻子先是後悔答應丈夫，接著痛恨自己不該心軟，然後擔心親友嘲笑，憂慮子女會受影響，終於越想越不甘心。她開始在家裏吵鬧，任何事都成爲爭吵的導火線。丈夫認爲她不賢慧，也認爲自己應該像祖父和父親那樣「威鎮兩方」，對吵鬧的妻子高壓制治，對較靜默的「妾」越來越愛，妻子更覺得他不公平了。

如果是個成熟的女人，她會預料到往後的種種情況，她知道在今天的家庭絕大多數不可能有兩個主婦，「妾」早就是歷史名詞。她也會知道所謂的公平是多麼難以判定，感情是多麼敏銳的東西。她更會知道這樣「畸形」的家庭對子女有多大影響。**除非她在知道這一切以後，也清楚自己能面對，能承擔，她不會接受。如果接受了，那也是成熟。**

中年男子的吸引力

〈成熟對外遇〉②

一個人如沒有足夠的自信心，很可能年齡越大越擔心自己不受重視，沒有吸引力。**在我接觸到的外遇案例中，「吸引力」是很多中年以上男性外遇的因素。**如果中年女性還有吸引力，相信更可能造成女性外遇，但目前我們的社會還不多見。據說日本有不少小說或電視流行這種題材，因此也引起一些中年女性的幻想。可見青春逐漸消逝時，會在人心中產生怎樣的惶恐和迷惑。

中年男士體貼穩重，社會地位和經濟基礎也大都達到了某種程度，這使他們比毛躁的小夥子更能吸引某些女性。有位男士就很坦白的說：「沒想到我年過五十還有吸引異性的能力，以前只覺得日子過得單調乏味，一切當年想要的都經過奮鬪得到了。現在除了守成以外，也不需要再爬升了。再想想未來歲月越來越短，人生好像沒有什麼可以激發我的興趣。等到一個年輕的女人進入我的天地以後，我充滿了驚喜、興奮。她不但不嫌我老，反而認爲我很有吸引力，青春再度來臨，我爲什麼要拒絕？」

有兩位不同的妻子處理這個同樣的問題，第一位在又吵又鬧無效以後，開始把自己打扮得年輕可笑，五十歲的女人穿上十幾歲人的服裝，臉上堆滿脂粉。經常到丈夫辦公室「巡查」，終於成爲辦公室的笑柄，使當主管的丈夫在部屬的竊竊私語訕笑表情下坐立難安。最後是結束了近三十年的婚姻，子女雖同情母親，但並不贊成她的做法，所以她也覺得失掉了孩子。

一位是用朋友的態度和丈夫懇切的談心，經過一年多以後，丈夫居然把時間和精力用在他讀中學時就很喜歡的繪畫上。他認眞學畫，也有能力買材料、買畫，跟妻子一起到歐洲看畫展。雖然還不能開畫展，但是他從繪畫中得到滿足，他的作品替他表達了另一種吸引力。女朋友當然逐漸走出了他的生活。這位妻子也許算是幸運的，但她也曾委屈、不平、氣憤過，只是她用成熟的方法來處理丈夫外遇，這是她努力以後的收穫。

〈成熟對外遇〉③

好丈夫生命中的「新意義」

「結婚這麼多年來，他一直是好丈夫、好父親，愛家，愛我們；自己更是個盡責負責的好人，沒有任何不良嗜好。孩子不需要呼籲爸爸回家吃晚飯，因為百分之八十的晚上他都在家。薪水袋原封不動交給我，經過分配以後他再把自己要用的部分拿去。認識我們的人都羨慕我們是幸福的夫妻。但是他現在居然有個女朋友！這是打死我也不能相信的事情。」

外遇的第三種情況正像這封信說的，一個多年的好丈夫曾和我在電話裏長談，他正是為了自己的外遇而困擾、不安，遂打電話給我。也因為他是公認的好丈夫、好父親，所以才產生困擾不安。長談中我發現了關鍵：「回顧我的婚姻，十幾年來除了工作以外，我都是在為家、為太太孩子奉獻，雖說不上是做牛做馬，但是也沒有什麼是可以獨享的。直到認識現在的女朋友以後，我覺得這一份喜悅是屬於我自己的，太太和孩子都不能分享。這給我極大的滿足，覺得生命有了新的意義，所以不到萬不得已我絕不放棄。」

好丈夫、好父親會帶給某些男性無形的壓力，尤其是既沒好嗜好，也沒壞嗜好，過分單純生活的人。儘管明智的人會從家人的親情中得到滿足，認知他的「奉獻」是有意義的。但是如果好丈夫、好父親給了他壓力，而他又沒有其它管道紓解的話，一旦有機會外遇，他就可能不顧一切的從這個管道「遁走」，擺脫那壓力。

成熟的女人碰到這情況時，會檢視自己的婚姻，及平時生活情形（好丈夫常常會讓當事人完全沒有警覺，因此妻子定會打死了也不相信）。**丈夫在做好丈夫、好父親時是不是有點承不了？**教育學家會說：「**太乖的孩子有時可能有更多的問題。**」同樣的，「**太乖」的丈夫也可能有很多沒有發現的情緒**。這樣的男性有了外遇以後，妻子越是吵鬧他越是躲避，因為那等於壓力上再加壓力。要保護這個家的話，只有徹底解除壓力才是辦法。

〈成熟對外遇〉④

逢場做戲？

「逢場作戲」式的外遇，可能是很多人認爲最不嚴重的一種。當事人會說：「這有什麼關係，我又不是認眞的。」妻子會說：「有什麼辦法，他應酬多嘛。」甚至婆婆會對滿懷委屈的媳婦說：「忍著點吧，哪隻貓兒不嘴饞？男人嘛都是這樣的。」

以我接觸到的情形來看，逢場作戲式的外遇在企業界較多。也許除了應酬多以外，錢也多些。有位社會學教授曾說男人有了錢以後，大部分會「不安於室」。這話雖沒有統計數字作依據，但的確有實情在內。所以**逢場作戲的先決條件是要有錢才行**，而且這樣的丈夫因爲有錢能給妻子水準以上的物質生活，就更覺得沒有太虧欠妻子，不必內疚。

在這類型的外遇事件中，也有兩位妻子不同的做法產生了不同的結果。

第一位是聽到風聲並覺察到丈夫行蹤可疑以後，雇了私家偵探調查。狠花了一筆大錢，終於拿到一些證據。在跟丈夫攤牌的時候，丈夫先是辯稱：「這有什麼關係？我又不是認眞的。」太太當然不肯吞下這兩句話罷休，丈夫說：「好，我承認有這回事，妳要怎麼辦？離婚？」太太想到孩子，想到離婚的種種後果，就沒勇氣說離婚就離婚了。這以後丈夫乾脆不隱瞞，越發的自由了。

另一位是先分析：自己能不能沒有這個家？能不能放棄孩子？答案是「不能」以後，第二步決定和丈夫心平氣和的談話，並假設兩點可能：一是談不出結果怎麼辦？另一是丈夫願意不再重犯以後她自己怎樣養息心中傷口（這一點是相當重要的）？

好幾次談話以後，丈夫把她當成朋友訴起苦來，說是大部分應酬都是不好意思拒絕，他又很不喜歡別人認爲他怕太太。至於逢場作戲的原因，他坦承自己受不了誘惑。太太把握住這個契機，用「亦妻亦友」的態度來和丈夫溝通。經過了一些時間以後，丈夫自己調整了他的生活。而妻子用了更長的時間「養傷」，她的方法是更加充實自己。

〈成熟對外遇〉⑤

過一樣的生活？

有人說婚姻的荒謬，在於把兩個完全不同的人揑在一起，過完全一樣的生活。這話的確有些事實存在，更何況還是兩個在生理上、心理上，甚至腦部構造上都不同的男人和女人；更別說家庭背景、成長環境，和雙方父母人格特質上的差異了。一旦調適不好，也成了外遇的因素之一。

夫婦兩人對一切事物的價值觀越是相近，越容易調適，就如俗話說「夫妻臉比較會白頭偕老」的意思一樣。因爲要想把對方「改造」成和自己相似是不大可能的。但不成熟的人就會硬想「改造」對方，成熟的人就知道如何在不同中取得和諧。

價值觀並不只表現在大事上，生活中許多瑣事，如金錢運用的原則、教養子女的方針、性生活的意義、社交的態度，以及對男女角色的定義等，都可能是夫妻價値觀差異引起問題的導因。而且這些問題局外人看不出嚴重性，但是當事人在日積月累的爭執以後，一旦遇到一個「談得來」的異性，就可能從朋友發展成外遇的對象。

我見過因性生活不愉快而外遇的、因社交態度不同而外遇的、因對男女角色定義不同（一方深惡痛絕社交活動）而外遇的。他們都覺得跟配偶生活是一種痛苦，不能離婚時就用外遇來補償。

如果了解痛苦的關鍵在於「過完全一樣的生活」，就可以雙方討論是不是能選擇一些「不一樣的生活」。其中有些是需要夫婦一起請專家幫忙的，像性生活方面請敎醫生指導協調方法；角色認同方面，多聽心理學家、社會學家演講都有助益；社交方面，則不一定要所有場合夫婦都綁在一起，鐘鼎山林各有所好，爲什麼不能分開享受？至於其他方面，只要夫婦兩人都能誠心誠意溝通，尊重對方，同時能獨立，都可以化解因價値觀不同而引起的摩擦、氣憤和怨恨。

外遇不能解決問題，去除痛苦，反而引來更多問題和困擾、苦惱。而不成熟的人硬要「改造」對方，可能會加强對方外遇的心意，因爲那是痛苦上加痛苦，能不逃嗎？

〈成熟對外遇〉⑥

話不投機

有些夫妻平時可能只「談話」而不「談心」，這樣的夫妻縱然一輩子無事，卻也沒有雋永的樂趣。當然，如果夫妻兩人都不在乎，那麼一點問題都沒有，但只要一方在意，問題就來了。

能「談心」的夫妻最重要的條件之一，是雙方「水準」相當，否則就會各說各話，越說越沒勁，因此「話不投機」也成了一個外遇的因素。這情況也會發生在卿卿我我戀愛結婚的夫妻身上，多半是結婚幾年後，某一方不斷在進步，而另一方則滯留不前。兩人在學識、見聞和思想上的差距越來越大，終至跟談戀愛、新婚時完全不同。

以前大都是丈夫因工作關係而不斷進步，妻子閉塞得除了家和菜市場以外，一無所知。現在漸漸多了孜孜不倦奮發向上的妻子，和除了本身工作以外一無所知的丈夫。於是有了外遇的丈夫，也有了外遇的妻子。嚴重的就以離婚作了收場。

通常落後的妻子在丈夫超前時，自已越發的自卑，面對任何委屈也只敢暗暗怨嘆；而落後的丈夫卻往往嫉妒妻子，不是冷嘲熱諷，就是霸道的不准妻子自修或進修。曾有一個丈夫每當妻子拿起書本時就罵她，或藉故發脾氣，直鬧到離婚了事。

怨嘆或嫉妒都是不成熟的表現，會促使有了外遇的一方更緊抓住外遇的對象不放，因爲他更會拿兩邊來作比較。迎頭趕上也不一定就能挽回已有外遇的丈夫和妻子，但是這「遲來的成熟」卻可以拯救陷於痛苦深淵的自已。成熟的人會知道人的生理有成長的限度，以至衰老死亡，但人的學識、見聞和思想卻沒有成長的限度。

夫妻不但要彼此成長，更要相互鼓勵成長。這種成長和進步會爲夫妻日漸沈澱的熱情增加凝固的力量，不論怎樣轟轟烈烈戀愛結婚的夫妻，走過歲月以後熱情總會沈澱的。**牽手而行，生活上的照顧是表層的，心靈上的、精神上的照顧才更重要、更深切。**到老都「相看兩不厭」的夫妻，是能「談心」的夫妻。

〈成熟對外遇〉⑦

給他一點距離

「膩了！」有一位丈夫外遇的理由，就是這麼簡單。

好像不可思議，卻也相當實在。生活安定平穩的中年夫妻，日子是一成不變；什麼事對方會有什麼反應，彼此也瞭若指掌；孩子各自有天地，連家具擺飾也都定位，沒什麼變化了。這樣的夫妻如果沒有精神上的寄託，「外遇」就可能成爲某些人用來「調劑」生活的事情。因爲「外遇」充滿了緊張、刺激和變化，有人爲了追求這些，甚至放棄多年努力築下的事業和家庭基礎。

要想久處而不膩，實在每對夫妻都要有不同的方法。我個人覺得除了彼此能「談心」以外，**保持一點點距離也是很重要的。距離不是淡漠，也不是冷落，具體的說是一種尊重和適度的保留自我。**

夫妻由於關係太密切，就把對方的缺點看得一清二楚——包括性格上和身體上的。如果沒有尊重，就會毫不顧忌的展現在對方眼前，或是刻薄的作爲挖苦嘲弄對方的題材。曾有丈夫抱怨婚前文文靜靜的女朋友，做了太太以後「百無禁忌」得可怕；也有太太抱怨丈夫吃過飯剔牙嘖嘖有聲，當著家人放屁等。

想想看，約會時的愛人誰不是展現最美好的一面給對方看呢？居家當然不可能「時時提高警覺」，但是心裏如存著一份尊重跟配偶相處，言行自然也就有了分寸，可以保持一份美感，增加彼此「耐看」的程度。

「外遇」之所以有吸引力，也因爲有一種「距離的美」。妻子若是發現丈夫有外遇的原因是對自己「膩了」，那麼對症下的藥不是哭鬧或講理，而是給他一點「距離」。死纏活拖以爲可以把丈夫拉近點，結果也許反而有了眞正的距離，而且越來越遠了。

〈成熟對外遇〉⑧

一顆心，兩份情

在所有外遇事件中，最讓人無奈的大約就數「動了眞情」這一種。愛情最不講理的地方就是它不選擇時機，不該發生的時候它就那麼大刺刺地發生了。當事人儘管恐懼、內疚，卻束手無策。

一個人到底能不能同時愛配偶又愛另一個人，似乎也沒有任何學理能剖析、判定；但我的確看過不少處在這種痛苦困擾中的外遇者。當然，同時熱戀兩人的絕少，通常是和配偶的愛情穩定沉澱後，墜入對另一個人的戀情之中。發現情況嚴重時對配偶的愛情再度升騰，因此他們不願離婚，卻又不能割捨軌外的愛情。

但受到傷害的配偶大都不相信這點，「既然還愛我為什麼又愛別人？」理論如此，事實卻不按牌理出牌，當事人自己也說不清。動了眞情的外遇會比所有其他因素外遇的人痛苦，因爲那是雙重負擔，覺得既對不起配偶，也對不起愛人。這時候往往哪邊給他的壓力輕、體諒多，他就逐漸傾向那邊。不幸「這邊」常常是愛人，因爲愛人是「得」，配偶是「失」，基本心情就不同。如果角色對換，兩人的表現也一定交換，所以那不是人的問題，是角色觀點的問題。但是陷入暈眩的當事人，一定是「避重就輕」，漸漸淡了對配偶的愛。

有位妻子歇斯底里的說：「他口口聲聲說還愛我，這種鬼話還叫我相信嗎？哼！連他以前談戀愛時的話我也不相信了！」不相信的結果是離婚。

但是相信又怎樣？相信的話妳自己就不會受傷害太深。妳知道自己仍然被愛，**如果妳要保有丈夫就會眞正寬容的幫助他斬斷軌外的情絲，讓他在妳諒解、但是堅決不同意的態度中，知道他如要保有妳，一定得捨掉那份愛**。愛情比一切感情領域都狹窄，眞正「弱水三千，只取一瓢飲」才不會苦人苦己。若是妳雖相信他也愛妳，卻不願要這已有裂痕殘缺的愛，那麼也可以理性的和他商討分手，而不互相殘害，甚或傷及無辜的下一代。

〈成熟對外遇〉⑨

成熟的人不活在後悔裡

「如果每位爲人妻都能冷靜處理先生外遇，那對大家都會有好處的。我就是個不冷靜不成熟的人，因爲他有外遇，無論如何堅持和他分手。但事後我非常的後悔，也非常痛苦，又愛他，又恨他。如果在我離婚之前，能看到妳的文章，哎！太慢了。」

接到好幾千封類似的信，我摘錄其中一封的部分，也可以看出很多女人對離婚充滿了無奈和痛苦，而後悔的居然佔了不少的比例。

但是一個成熟的人知道，人生不該浪費在後悔裏——縱然做了像離婚這樣重大的決定。因爲後悔是絕對於事無補的，而且是一種腐蝕心靈的「毒藥」。譬如說離婚以後，無論當初是意氣用事也好，是一時衝動也好，是報復也好，都已經造成了事實。除非兩人都同意再度結合，否則最重要的就是開創自己的新世界。在感情上，工作上，生活上，都要好好安排。除了跟孩子是割不斷的親子關係外，其餘的最好儘量不要拖拖拉拉（要是兩人都成熟而理性的能成為朋友又另當別論）。

另外一件重要的事是好好處理現在跟孩子的關係。既然不再能朝夕照顧孩子，絕大多數的媽媽心理上就很不平衡，這對孩子的心理也會有極大的影響。若是再加上後悔，情緒就更複雜，對孩子的影響更不好。

第三個重要的事是，一定要用嶄新的胸懷來看男女之間的感情。「一朝被蛇咬，十年怕草繩」「天下烏鴉一般黑」「還有再談戀愛、再婚嫁的資格嗎？」等都是偏激的想法。不卑不亢，自在自然的態度往往可以得到眞情。

當然，**任何人都不可能從不做不會後悔的事，但要把消極的後悔轉化成積極的、前瞻性的行動，才是利己也利人**。更何況對於某些絕對不能忍受，或是試盡了一切方法都不能挽囘的有外遇的丈夫，理性的分手也是解決的方法之一。**要減少後悔，事前必須愼重**。一旦已過去，就絕不後悔。

第3篇 秋：養兒育女

提要

一聲「媽媽」，叫得妳心花怒放。是的，妳現在步入了人生的第三度成長期。

「養兒方知父母恩」，這個身為人母人生最重要的「事業」，的確夠難的——尤其對女兒的教養，足夠讓妳精疲力竭的。

然而妳知道，兒女是一個完整的個人；妳也不會成為一個「變調的母親」。

〈篇頭語〉

準備做母親之前

如果說結婚需要成熟的人格，那麼做父母就更需要人格成熟才行。結婚是女性的第二度成長，做母親是第三度的成長。在適應了婚姻生活，並且在婚姻生活中有了足夠的成長以後，就可以考慮做母親了。不過可能還需要有幾點心理準備。

第一是萬一計畫開始要孩子時，卻發現不能懷孕，怎麼辦？看過不少原本甜蜜的夫妻，因爲不孕而終至仳離，或雖維持夫婦名分卻已日漸冷漠。尤其仍有很多人把不孕歸咎於女性，竟有婆婆教唆兒子離婚再娶的。這時候夫妻得要有「共患難」的體認，鼓勵丈夫一同去找醫生檢查（可能需要相當的技巧、耐力和愛，因為有些男性硬是不相信也許自己有問題），不要自哀自怨，縱然眞是自己不能懷孕，也不是自己的錯。理性、堅定、冷靜是遭遇誤解委屈時，最需要的態度。

其次是如果確定不能懷孕時，不妨共同商討一個沒有孩子的生活，兩人可以利用更多的時間，較寬裕的經濟追求彼此在學術、藝術或其他方面的成長，讓精神生活提升到極致。在這方面妻子的引導和誘發，有時會有很好的成績。或是領養一兩個孩子，好好地愛他們，教養他們，也同樣能享受為人父母之樂趣。

還有在孩子的數目和性別上，最好夫妻雙方先有良好的溝通。縱然醫學進步到可以百分之六七十控制生男育女，卻仍有一部分掌握在大自然手中，人類無能為力。羨慕別人有男有女，或怨恨自己生不出兒子都不是成熟的人格，生下來就要公平地愛他們。**生孩子不是賭氣，如果長輩干涉或嘲諷，自己都要堅強面對。**丈夫的不滿會因妻子的態度而有所改變，孩子的心理當然更隨父母的教養觀念和方法而有所不同。

這種種若是在懷孕前都已了解，並且跟丈夫有很好的溝通和體認，就可以準備做父母了。因為已經把缺憾都列出來，並且想好彌補的對策了。

〈第三度成長〉①

美妙的經驗

「結婚十多年來，最受到丈夫疼愛的一段時間，就是懷老大的時候，可是懷老二、老三時就享受不到了。」一位中年太太不帶一點火氣這麼說。「當然，不懷孕時更享受不到丈夫的疼愛。」她又加上一句。

大多數的男人可能在妻子第一次懷孕時，都格外溫柔體貼。知道自己的生命可以延續到下一代，和初爲人父的喜悅，是激起他們對妻子溫柔體貼的原動力。只有少數男士會感激妻子，能領會妻子懷孕時身心的變化而疼愛她。換句話說，他們的溫柔體貼有很多自我中心的成分，了解這一點以後，就不會存太多的幻想，甚至濫用了他的疼愛。有些妻子懷孕時過分誇大身心的不舒適，有的時候責怪丈夫讓她受這種「罪」，有的要這要那的支使丈夫，有的以「功臣」自居，認爲該有種種特權。見丈夫都唯唯諾諾全盤接受後，更變本加厲起來。

看到一些在這段時期特別溫柔體貼的丈夫，和特別濫用丈夫的疼愛的妻子，在他們的孩子生出來以後，情況就逐漸改觀了。有很多妻子受不了這種改變，產生種種心結。由心結而生的陰影也許暫時會因忙著帶孩子而不影響心情，但在孩子長大「不需要」母親的時候，早期的陰影就會慢慢又蘊攏在心頭，有的甚至會變成嚴重的問題。

如果孩子是在父母期待，並且已有心理準備的情況來臨，那麼懷孕對雙方來說都是一種喜悅。但這也是世上最自然的事，沒有功勞也不必驕傲。**我以爲最健康的態度是認知做母親的責任，吸收有關懷孕的心理和生理知識，保持心情愉快、身體健康。**在體形開始變化以後，要坦然接受。曾有年輕的孕婦訴苦說世上最男女不平等的，就是同樣享受做父母的樂趣，女性卻必須忍受懷孕的難受、生產的痛苦，而男人竟連身材都不改變。這可以說是一種幼稚的男女平等觀。成熟的女人會感謝能經歷懷孕和生產的美妙經驗，而欣喜的享受。懷孕是女人第三度成長，請細心體會。

〈第三度成長〉②

共同成長做父母親

儘管有些影視把女人生產的痛苦，用特寫鏡頭表達得驚心動魄；儘管有些產婦在生產的疼痛還沒消失時，發誓不再生孩子，但世界上每秒鐘都有人生孩子，而很多女人也再接再厲進產房，所以說懷孕是自然的事，生產也是自然的事。而這個自然的事到孩子一出世開始，就是最實際的一種責任了。

第一次當母親，是女人永難忘懷的奇妙經驗。在醫院裏護士第一次把孩子推進來，第一次端詳那由自己身體「分化」出來的小東西，第一次餵奶——尤其是自己哺乳的母親……都眞正讓人打從心底喜悅起來。雖然有些母親說她第一次看見孩子並沒產生愛意，愛是後來逐漸由接觸、照顧學來的，但也有更多母親說她第一眼看見孩子就愛得心疼。不管是怎樣的心情愛孩子，在愛的同時，也必須有另一種心理準備，那就是今後除了做妻子以外，又多了一種母親的角色。

由於大自然交給雌性保護下一代的任務比較重，動物中的母親這時往往完全只擔任母親的角色，牠們幾乎不必扮演妻子，但是人類的女性卻不這麼單純。她如果不兼顧兩者，結果可能就很麻煩。曾經接到一些第一次做母親的讀者來信，有的說她在懷孕時，丈夫就「忍不住」外遇了，有的說從醫院回家不久，丈夫就跟孩子「爭風吃醋」，最後是外遇「有理」。

說來這似乎也是一種不公平，女人在有了孩子以後，更需要丈夫協助，但男人這時卻反而拋棄了她。不過情況並不都是這麼悲慘的，**成熟的女人懂得怎樣「誘導」丈夫扮演父親的角色。最重要的是強調父親的重要，鼓勵並且讚美他爲孩子做的每一件事。**事實上，今天年輕的母親已比她們的老祖母幸運多了，自從「拉梅茲生產法」引進以後，已有不少丈夫在妻子懷孕後期，就陪著一起運動。他們也參加院方照顧嬰兒的講習會，早已在學習做父親了。男人女人都必須共同成長，才能擔當父母親的任務，也才無愧於做父母親。天下沒有白當的父母親，不是嗎？

〈第三度成長〉③

做個有判斷力的母親

說懷孕是女人第三度成長還不夠，事實上一個女人在做了母親以後，必須不斷成長才能負起母親的職責，否則她會跟孩子一起呑嚥人生的苦果。這可能是懷抱新生兒的年輕母親一時還想不到的。而在不斷地成長中，一個最重要的原則是要有獨立判斷的能力。

就拿產後第一件事來說，妳是自己餵母乳呢？還是給孩子喝牛奶？這是以前的母親作夢也想不到的選擇，但是今天的母親可能舉棋不定。母乳好，母親應該把最好的給孩子，這是天經地義的。但是妳如果實在自己不能餵母乳，那也不是罪過，尤其不必在看了專家的理論，及例舉先進國家母親餵母乳的比例以後，就有了罪惡感或以爲自己跟不上文明。

當然，爲了怕身材走樣而拒餵母乳，十足是幼稚的觀念，也還沒脫女人是第二性，是男人的玩物的觀念。這和隆乳爲討男性歡心是同樣的心態，有這樣心態的母親也讓人擔心她以後能不能承擔母職。

我自己的經驗是儘可能自己餵母乳，不得已用瓶乳時不必內疚，只要在餵乳時給孩子足夠的愛，包括撫摸、逗弄、擁抱，孩子絕不會在成長中感到缺少母愛而在心理上有什麼「情結」。三個孩子如今都長大（兩個吃母乳，一個吃瓶乳），跟我之間的親情絕無濃淡之分，一樣高大健康。剛好我不能餵母乳的原因，就像一位職業婦女說的，上班時間必須毫無尊嚴的到厠所去處理滿脹的乳汁，身心都覺得狼狽不堪。

現在電視上敎職業婦女用乳瓶和公司的冰箱來處理乳汁，這是十分進步的，也是十分合理的。因爲職業婦女增加是世界的趨勢，更是必然的現象，所以只能不斷幫助她們解決問題，不是把她們從辦公室趕出去。

像這一類母親選擇的事情，會隨著孩子的成長，陸續向母親挑戰。**主見太深、剛愎自用的母親固然可能在敎養孩子的方向中，流於偏激，而優柔寡斷；人云亦云的母親，也會因困擾太多而承受不了。**

〈第三度成長〉④

成熟的女性是準備好了的母親

曾經在東京上野公園羅丹美術館內，尋找過「夏娃」這座雕像，結果很失望，沒有找到。因爲在熊秉明的《關於羅丹——日記擇抄》書中，讀過形容「夏娃」的一段描述：「豐實的中年女人的軀體。女性本質的展現，容忍、堅毅。她已懷孕，爲育養並且捍衞未來的生命，她準備接受一切勤勞和苦難。」對於做過母親的我來說，很能深深體會出這樣的女性本質。

縱然今天的母親在物質上有了更多的方便，譬如免洗尿布、現成的嬰兒食品、洗衣機、烘乾機等，減輕了不少養育孩子的辛勞，但做母親仍然不是一件輕鬆的事。無論身心上的負荷，都比以前重上百十倍。而且妳旣已「創造」出一個人來，就要對這個人未來的一生負責，包括負責他身體的健康、心理的健全、品格的完好，因爲這些都會影響他的一生。

對於這樣一個嚴肅而艱鉅的任務，我是堅決反對「全部包工」給別人去做的。職業婦女在沒有完善的托兒制度下，養育孩子比純家庭主婦更辛苦，這是必須先有的心理準備。然而任何理由都不能用來支持把孩子交給別人(包括遠在別處的祖父母)，日夜見不著，只有每周或每月，或竟然每半年一年才見面的養育方式。**「內製外包」做節目的方式，可不能用來養育孩子。**

尤其現在的女性，可以選擇生育子女的人數，以及生育間隔的時間。生孩子可以像計畫一次大手筆的出國旅遊一樣，在經濟、時間和體力等各方面都能負擔時再實行。孩子來了以後，母親就已經準備好了。讓孩子每天早上睜開眼睛先看見的是母親，每晚臨睡前最後看見的也是母親(只有父親是等量重要的)，孩子才有足夠的安全感。

一個成熟的女性也是一個已經準備好了的母親。她正像羅丹的「夏娃」一樣，有容忍和堅毅的女性特質，讓她的孩子在懷中得到足夠的愛，正常而健康的成長。她接受一切養育孩子的勤勞和苦難(今天豐裕的物質、進步的生活已把苦難渡到最低程度了)，而仍然能無怨無尤。

〈第三度成長〉⑤

一張給新母親的處方

回想自己養育孩子的過程，的確能證實自己是隨著孩子一同成長的。初當母親時，白天我一個人守著小嬰兒，經常緊張焦慮得不敢離搖籃片刻，連上洗手間也是匆匆忙忙的。夜晚雖然多了一家之長的陪伴，但我的睡眠總是很淺很淺，搖籃裏任何動靜都聽得見，偶爾沒動靜時我又緊張得立刻爬起來張望，生怕在我視線之外的孩子有了什麼變化。

孩子添加副食時，一切都是我照書配方自己調製，而且衛生得出奇。結果孩子從來沒有熟睡兩小時以上，而且總是小病不斷。後來一個當小兒科醫生的朋友知道了，笑罵我一聲神經病。她說嬰兒會從直覺中感染到母親的情緒，神經質的母親很難養育出情緒穩定的孩子。我辯駁自己不是個神經質的人，她說有些女人會因過分擔心自己不會養育孩子而患「暫歇性的神經質」，所以需要像她那樣的專家指導才行。這位朋友現在遠居異地，但是她給了我最好的指引，並且開了一張怎樣預防母親對孩子不良影響的「處方」。

第一是盡最大力量維持正常的作息，不因孩子的來臨而全家生活大亂。一個身心健康的孩子會有他正常的作息時間，如果他過分「與衆不同」，就要讓醫生檢查看看有無「隱疾」。

第二是保持歡愉但寧靜的心情，不要因愛孩子而忘了所有人類該遵守的規則。她强調多少爲害社會的不良分子，事實上是從他一來到人世，父母就不曾教給他那些規則的結果。一個人在搖籃裏就該開始接受一些合理的、必須的規範了。

第三是任何人都不能脫離一般的生活環境，所以對孩子的照顧也不能「標竿」過高。孩子用的吃的如東都消毒，他全不接觸細菌的話就反而失掉了抵抗力，因爲他是活在人間的。

我覺得在女性一生中，如果她有機會扮演母親的角色，那實在是最複雜、難演的，但是**這個角色給女性的滿足、喜悅，也是最恆久的**。而且由於孩子的成長，母親更能從不斷學習中得到充實的樂趣。

〈第三度成長〉⑥

孩子不是生命的全部

有天我把某位長輩奉行的話「女子無夫身無主」講給一位朋友聽時，她笑得要命，說眞是不可思議的觀念。

她年輕，有足夠的學識和能力過自主的生活，她就是自己的主人。像這樣的時代女性，如果結婚是爲了找一個情投意合的人過共同的生活，而不是找個主人，這便是一個女人理想的一生。

但是我發現能做自己主人的女人，有些在生了孩子以後，卻讓孩子做她的主人，她的生命全部奉獻給孩子了。和另一種絲毫不願子女妨礙自己生活的媽媽正相反。她也許先放棄工作，回家專心帶孩子。接著她放棄了精神上的嗜好，因爲照顧孩子要花大量的時間和精力。最後她放棄了理想，孩子就是她理想之所寄。結果她全部的生命只有孩子。

為孩子而暫時放棄工作，應該只是一個母親無法兼顧時的權宜之計，如果她厭倦了工作，或是根本不打算做職業婦女，那又另當別論。但是為孩子而完全放棄了自己，那不是犧牲，是放棄了做自己主人的權利。因為孩子在做了妳十幾年主人以後，他們會展翅飛到另一個屬於他們的天地。這時候妳才愴然注視自己蒼白空虛的生命，心頭的不平衡就相當嚴重了。

所以從孩子還在懷中開始，媽媽一面餵哺他，一面要抽空餵哺自己的精神和心靈，以免營養不良而枯萎。當然，並不是每個人都胸懷大志，都有高遠的理想，可是充實性靈的嗜好和一點小小的理想，可以維持個人生活的情趣。更重要的是，**不把孩子當生命的全部，就不會給他們沉重的壓力，讓他們更能發展自己的生命，這豈不是眞正無私的愛嗎？這也才是成熟的愛。**

父母對孩子的愛有時會流於自私、偏激，實在是因為父母本身性格不夠成熟的緣故。我們活到幾十歲，結婚生孩子，可以證明生理的成熟，但卻不等於性格的成熟。所以一些專家才一再强調做父母需要不斷學習，經由學習而成熟，才會懂得愛孩子，也愛自己，做自己的好主人。

〈第三度成長〉⑦

教養，請從嬰兒開始

傳說蕭伯納曾經問一個向他請教「孩子從什麼時候開始管教」的母親：「孩子多大了？」那母親回答「三歲」，蕭伯納斬釘截鐵地說：「妳已經遲了三年！」

胎教的意義雖然已經有專家肯定，但在孩子還沒出生以前，一切都還不可能落實，甚至母親的愛也還很恍惚。然而一旦看見了孩子，摟他在懷，擁他在胸，輕撫著那小手小腳，所有的育兒理論此時都已脆弱不堪。

不少次到醫院去看望生產的朋友，聽到很多母親得意的描述她的孩子如何脾氣很大、很壞，如何是全院最「搞怪」的娃娃。似乎只要能顯示自己的孩子與衆不同，都是值得驕傲的。**這種「不分青紅皂白」的疼愛，很可能使孩子日後變得不明是非。**

一個成熟的女性在做了母親以後，會明白愛和溺愛是完全不同的。嬰兒的小心眼懂得太多了，他如果必須又摟又抱又搖又晃才肯睡覺，那不是他天生如此，大都是成年人慣出來的。他如果自已乖乖躺在小床上，吮吮手指頭就睡著了，那也不是天生，是成年人幫他養成的。

曾看過一些母親帶孩子帶得手足無措，自已先慌了，嬰兒會覺察到，他就會「支使」母親。很多壞習慣就此養成，這些壞習慣進而影響他的性格，甚至人格，當然也影響了他一生。

一位母親說她自已還沒成熟時生了四個孩子，現在二十年過去了，她清清楚楚看到一個不成熟的母親怎樣影響了孩子。她雖然深愛孩子，卻不能不承認那些孩子性格上的缺點是自已造成的。時光不能倒流，已成的性格不可能再塑，她說這是終生的缺憾。

母親自已心理成熟是一個重要的基礎，再加不斷吸收育兒新知，懷中的寶寶才能正常成長，成爲正常的人。教養孩子，請從嬰兒開始。

〈第三度成長〉⑧

孩子不是妳的絆脚石

有時我會到讀者來信，跟我討論孩子的行爲或心理狀況等問題，我總建議她們去請教眞正的專家，多聽演講，多讀有關的書籍。因此《一個女人的成長》寫到女人做了母親以後，並不强調怎樣教養孩子，只想就我所接到的信件，擧出一些女人在演出母親這個角色中，遭遇到哪些困擾。這些困擾可以幫助我們思索爲什麼？怎麼辦？當然也幫助我們成熟。

事實上母親很難獨挑教養子女的責任，必須有父親來共同負擔，父母是不能拆開的。不過我們只談女人的成長，更何況母親對孩子的影響仍然大過父親，責任也更重些，而孩子對母親的影響也比對父親更大，母親和孩子的關係甚至會左右一個女人的人生觀，以及對生命價值的肯定。

前文曾談到把孩子當作全部生命的母親，和這些母親相反的是一些完全不把孩子當一回事的母親。事隔好幾年，我還清楚地記得一個國中女生寫給我的信。她說從剛懂事開始，就知道她的母親「與衆不同」。母親總是嫌她們姐弟兩人浪費了她的青春、阻礙了她的前途。一切照顧孩子和家事，幾乎都是父親在做。但母親始終沒有發展出什麼輝煌的事業，因此情緒也極不穩定。她們姐弟總覺得是母親的包袱而充滿罪惡感，當然也連帶著懷疑自己存在的價值。因爲連父親似乎也覺得用婚姻把母親埋沒了似的，她那時就決心不結婚，不生孩子，免得步上母親的後塵。更何況她從沒嘗過母愛的甜蜜和溫暖，也不能體會母愛的偉大。

事實上，**人生在世，埋沒自己的，阻礙自己的，絕大多數責任在自己，不在任何人**。女人不結婚，不生孩子都不怎麼嚴重，那是妳可以選擇的生活方式。一旦結了婚，再有了孩子就是一份應該好好承擔的責任。一個成熟的女人儘管一開始不知道如何承擔這份責任，但她會懂得那是可以學會的，她能學得很快樂，很有成就感，這種學習幫她成長、成熟。

〈第三度成長〉⑨

幼稚・成熟・童心

有位年輕的媽媽問我：做一個成熟的媽媽是不是表示要完全用理性來生活？完全不可以做幼稚的事情？譬如我帶三歲的女兒到公園去盪鞦韆，我覺得很好玩，眞想跟她一起盪，但是又怕自己不像個成熟的媽媽，惹人笑話。

眞抱歉，沒想到談女人的成長、成熟會有這樣的誤導。雖然成熟的反義詞可以對幼稚，但是幼稚和童心之間卻又絕不相等。一個媽媽如果看見公園裏好花盛開，唆使孩子攀摘，那是幼稚。如果她看見孩子摘花、丟垃圾立刻阻止，並且告訴孩子公私物的分別，就是成熟。如果公園的鞦韆特定是給孩子玩的，媽媽一定要坐上去盪，那是幼稚。如果是成人可以玩的，媽媽抱著孩子盪，就是成熟的人可貴的童心

童心未泯的父母是可愛的，有創造性的，對人生充滿好奇和熱愛。他們會帶孩

子探索世界，會跟孩子一起「發明」，會懂得童言童語，會和孩子玩得開心。這樣的父母能了解孩子而不會產生代溝，他們是孩子的好朋友。

成熟的父母也知道隨著孩子的成長，他可以怎樣跟孩子「玩」，「玩」些什麼。把孩子帶領到一個程度時，孩子會有他們自己的天地，在這個天地裏父母不是發號施令的人，而是一個最好的顧問。父母從童心出發給孩子意見，但有些時候卻不宜自己參加，反而造成孩子的尷尬，尤其是十幾歲的孩子。

有位母親說得好：「孩子讀小學時，我帶著他到野外玩，跟他一起在草地上打滾。他讀國中時，我招待他到家裏來的朋友，但是讓他們在他自己房裏玩。給他買圍棋、象棋，傾聽他談學校、同學之間的種種瑣事，跟他一起大笑，幫他出些點子解決困難。」於是她和孩子無話不談。

完全沒有童心的父親除了權威以外，沒有別的和孩子共享。完全沒有童心的母親，除了照顧孩子生活衣食之外，大約只剩隔靴搔癢的嘮叨，永遠不能進入孩子的心靈。

事實上，保有童心和成熟絕不會起衝突，權威和嘮叨卻常是幼稚的表現，因為成熟的人懂得用更好更有效的方法來教養孩子。

〈第三度成長〉⑩

成熟的女人，成熟的丈夫

男人結婚以後一旦做了父親，固然也必須學習怎樣承擔，並扮演這個責任很重的角色，但是他對妻子的需求並不改變。如果一向被妻子照料周到的，這時也不會放棄。而妻子照料周到的，這時也不會放棄。而妻子這時不但沒有精力和心情再照顧丈夫，反而期望丈夫能除了打點自己以外，還幫忙她照顧孩子。

有些不成熟的男人下意識裏會嫉妒自己的孩子，同時認爲自己不再受重視而覺得委屈。他找不到襪子，也不知道襯衫掛在哪裏，看見內衣卻翻遍抽屜看不見內褲。家裏到處只見孩子的尿布、奶瓶；妻子忙的是孩子，談的是孩子。丈夫在初做父親的新奇、驚喜消失以後，對孩子的心可能只變成斷斷續續的點，因爲有更多的事物分散他的注意力。

而女人在孩子身上的心是點，也是線、是面，分分秒秒，不管是由於天性或後天環境，至少到今天絕大多數仍然如此。走在尖端的女性可以只要孩子不要丈夫。這種迥然不同的心態常使初做母親的女性大爲驚嚇，甚而憤怒、不平，如果又是能上班賺錢的「現代女性」，情緒會更加激動。成熟和不成熟的女人處理這種也許會危害婚姻的問題，就有兩種結果了。

不成熟的女人會和丈夫爭吵：「孩子不是我一個人的，爲什麼讓我一個人累死？我忙孩子都忙不過來，你還要我伺候？活該！穿臭襪子上班好了！嫌家裏亂？爲什麼你不能整理？」

成熟的女人會在懷孕的初期就常和丈夫溝通，讓他一點一點的了解妻子需要他的幫助，家事需要他同心協力分擔，孩子需要他照顧和疼愛。孩子出生以後還會發生很多當初完全沒有預料到的事情，更需要隨時坦白地，甚至用點技巧的和丈夫商討解決。女人似乎總比男人較會帶孩子，但事實並不如此，男人經過學習以後照樣很行，妻子的鼓勵和讚美是男人樂於學習的最大動力。

換句話說，如果丈夫是個不成熟的男人，在兩人做了父母以後，成熟的女人會誘導丈夫學著成熟，然後才能共同抬起家的擔子。

〈女兒經〉①

生男生女眞正一樣好

一位老先生重獎鼓勵媳婦替他生個孫女；這種家裏的小事竟成了新聞，為什麼？當然是在百分之九十希望得男的「正常情況」下。此事不常見，值得見報。

不必往古遠去翻什麼棄女嬰、賣女嬰、溺女嬰等的舊帳了。就在現代，科技進步到尖端的現代，人們用更科學的方法，來阻止女性出生，什麼飲食控制法、精子分離法，雖然都加上了「生男生女隨心所欲」的平等總題，但「首舉得男，以後就無所謂」仍是大多數人的想法。甚至有照超音波發現胎兒是女，竟想把「她」餓死掉的奇聞（生出後竟是個營養不良不足月的「他」）。如此看來，科技進步，對女性來說竟是一種「劫數」了。

理性上，人人知道這世界如沒女人，人類鐵定絕種無疑。但千百年來男尊女卑的傳統，竟使得人們不能理性的接受生男或生女，連母親這個女性竟也不能。這實在是有智慧的人類最不智的態度。

臺灣推行家庭計畫最大的阻礙，就是很多家庭非生一個男孩不肯煞車。我曾隨便調查一下，不少夫婦認爲最理想的子女數是兩男一女，很多人坦白的說這是「防備」萬一有個兒子發生意外，還有個兒子傳香火。那麼那唯一的女兒萬一……唉！那就甭問了！

美國人不講究傳香火。但據旅居那邊的友人說，不少美國夫婦也希望頭胎生男（歐洲，尤以北歐似乎較真平等）。足見男性在廿一世紀仍然是吃香多多。

但是若要兩性共處、不可缺一的世界更和諧美好，人類必須要進步到男女眞正平等的境地。因此所有有資格（身心健康）願意結婚生孩子的女性，爲了這個美好的遠景，都應該在觀念上確立「生男生女眞正一樣好」的信念。從計畫生孩子，到懷胎生產，絕無絲毫偏愛。

只有在生命還沒成形以前，先受到公平待遇的環境中出生的女性，才不會在生爲女性以後，碰運氣活得幸或不幸。

同樣是女性的母親，難道不該有這種體認嗎？

〈女兒經〉②

妳是女兒的靠山

憑良心說，大多數年輕的父母，對於生了個女兒，還是相當疼愛的。除非是已經生到第三四胎了，或公公婆婆臉冷話冷而丈夫態度也跟着轉變。這時有些媽媽在產房就忍不住傷心的哭了。據說還有的連看都不願看一眼；有的像是做了錯事而心懷愧疚；有的是勉强接受事實。

幸好不少媽媽在傷痛的情緒逐漸平復以後，終於也能把愛一點點的給那可憐的、自己沒有選擇出生權利的小女兒。但是這不受歡迎的「見面禮」，已或多或少在母女的潛意識裏留下了「遺憾」的陰影。所以我强調過「生命成形以前應有平等」，尤其是做母親的。如果母親自己的確不會「重男輕女」，那麼母親就是女兒最强有力的保護者。面對抱孫心切的祖輩，絕不能以弱者的姿態忍氣吞聲的，應該明確的讓公婆知道，無論男孩女孩你都愛他們，而且愛得理直氣壯，因爲他們都是尊貴的生命。**不必勸慰什麼：女孩也好嘛、將來更懂得孝順啦、現在時代不同啦、女孩子一樣能賺大錢啦等等！因爲生兒子不必說這些。**

至於丈夫的不高興，那實在是有點無理；怎麼忘了他自己才是生男育女的決定因素呢？如果他眞的不知道，那麼請醫生告訴他吧！如果他知道卻不講理，那麼不理他。輕鬆愉快的時候跟他開開玩笑，嚴肅的時候提醒他。只要你自己愛得堅定，女兒的心靈就不會受到傷害，而且恆久的母愛自會慢慢的感染別人。

談這些並不表示我對男女價值不同而憤慨。只是盼望每一個女兒來到人間，都受到父母和家人毫不勉強的愛，然後她才算是得到了平等的人權。當她得不到時，最能幫助她爭取的是母親。如果母親先傷心、失望、愧疚，那她就失去保護人了。

〈女兒經〉③

取名也要「男女有別」？

男人有個女性化的名字，或女人有個男性化的名字，雖然都會讓人訝異，但骨子裏卻有截然不同的反應，前者會讓人取笑，後者只不過覺得奇怪而已。所以替孩子取名是個大學問，而「性別化」是其中之一。男女有別，從名字上可以判斷，中外一樣。

但是我們眞需要在名字上來讓女孩變得花花草草，男孩子一定要既勇又豪嗎？我不是在這上面爭女權，像外國人般，把一些有「男權象徵」的字都改掉，我只是覺得如果家中生了個女兒，取名字時不必非極端女性化不可。第一，未來的男女兩性勢必越來越趨向中性化；第二，如果這個女兒將來在性格上或性向、工作上都偏向男性化的話，她會討厭自己的名字，我碰到好幾個因此而改名的。當然這可能只是特殊的個案，但**取名只要在字義、音韻上**(甚至是否吉利)**都好，就是個好名字**。

有些家庭在孩子沒出生前，已替他們取了名字，並且指定哪些是給男孩的，哪些是給女孩的。我覺得在今天已不必要這麼麻煩了。也許有人會說男女有別的名字可以讓人一看就能分辨是先生或小姐，然而寫錯了的時候可能更引起對方的不愉快(同樣女士寫成了先生不會生氣，先生寫成了女士就不舒服了)。所以無論從哪個角度來看，男孩女孩的名字都不必太刻意去劃分了。

事實上我很喜歡一些女朋友的名字，有淡淡的女性味道，好看、好聽、有意義。因此基本上我並不反對替女兒取個好名字(那怕有點女人味)。但我覺得如果認定女兒一定要取女性化的名字，而且還從名字中期待她將來一定要溫柔賢淑，一定要像個女人，這可能就不合時代潮流，也可能會替女兒將來帶些不愉快了。如果愛我們的女兒，何不在給她一個名字的時候，就把眼光放遠點、放寬點，讓她這輩子都喜愛自己的名字呢？

名字是跟着人一輩子的，父母都會很愼重的替孩子取名。我只是提供一個有感而發的意見；因爲我發現豪爽的女性似乎越來越多，溫柔的男孩也似乎常見。這不是男女兩性的新趨勢嗎？

〈女兒經〉④

男女有別不是天性

「男女有別」，我絕不否認這句話，而且坦白說，我喜歡這種「有別」，男女因不相同而使得這人間更繽紛有趣。

但是從更進步更合理的觀點來看，父母如果依然從「男女有別」的原則來教養子女，就不合乎人類進展的潮流了。儘管隨着人們生活的富裕，子女人數的減少，今天除非是十分貧窮的人家，像二三十年前，自己還走不穩的小女孩背個小嬰兒的景象已絕少看見。然而很多父母從女兒的嬰兒期開始，就處處「提醒」她是個女孩，應該跟男孩不一樣。

女兒的衣物用具一定是色彩嬌嫩柔美的；如有單獨的房間，一定布置得「像個女孩子房間」；玩具一定是洋娃娃。於是女孩子在這樣的環境裏成長，「順理成章」的要接受父母給她的「暗示」，她必須是個溫柔乖巧，「有女相」的女孩子。

如果她幸運的在性格上符合了「女性的特徵」，那麼她這一生在女性的行爲模式裏可以適應得很好，做一個快樂的純女性。但如果她不幸而「女生男相」，那她可能從小就痛苦到老，因爲她會跟家庭、跟社會之間顯得處處都格格不入。譬如父母會嫌她太野、女同學會嫌她太粗心、她可能交不到男朋友、她喜歡做的工作是處於男性獨霸的世界等，這都會讓她在性別的認同適應上產生困擾。

很多傳統的「男女有別」的說法，近年來已不斷地被學者推翻了。像「男孩生下來一定比女孩大」的說法，據現在的專家研究認爲「孩子體型大小，產前環境不同的因素，大於性別因素」；像「男孩天生比較勇敢」，已被現代專家認爲是「長期社會標準要求的結果」。所以現代的心理學家建議父母：不要壓抑男孩子不准他們哭，同樣的也不要強迫女孩子玩洋娃娃。如果她喜歡玩機器、玩小蟲，父母卻因爲「女孩子不可以」而阻止她，也許就扼殺一個未來的優秀工程師或生物學家了。

男女除了生理上的不同以外，父母何必煞費苦心，非要讓「男女有別」呢？

〈女兒經〉⑤

家事，是大家的事

乖巧的女孩子在上小學以前，就會幫着做簡單的家事了，而同年齡的男孩子則多半還是個調皮搗蛋的小糊塗蟲。曾聽一些母親說：也不是特意教的，女兒就是會幫忙；兒子呀，哪裏叫得動。

其實仔細觀察一下大多數家庭的情況，就明白父母不必特別教，孩子自然就會模倣。因爲總是母親在做家事，有些父親根本不幫忙，甚至也不願兒子幫忙。他們喜歡帶兒子跟他一起多向外發展，認爲那樣將來才有出息。男女性別角色的學習，事實上很小很小的時候，就在家裏受到影響了。

有些父母親不但縱容男孩不必做家事，還規定女孩替男孩做自己該做的——例如替兄或弟整理房間、掃地、鋪床、拿髒衣服、收乾淨衣服等。把做家事有意無意間變成了女人侍候男人的象徵。很多大男人主義的觀念豈不就是這樣形成的？而有些女人恨做家事，我認爲也是受了這象徵的影響，結果誤以爲男女平等就是在家裏大家都別做家事。

家事也是每個人的事，應該按年齡大小來分配，不是按性別來分配。這不是平等的問題，是每個人對自己以及對家的責任、義務的問題。有了這樣的原則，男孩子願意下厨房，很好；女孩子願意修理門窗，爲何不可？重要的是讓家裏每個成員都愛家，都願爲家做事。所以母親對喜歡幫忙的女兒固然可以稱讚，對不肯做家事的男孩要帶點勉强的逐步訓練（當然，父親的身教比任何語言都有效）。

一個女孩子如果從小在家裏沒有做家事的痛苦經驗，她對家事的經驗都是美好的，這反而可以幫助她結婚以後樂於做家事。男孩子如有同樣好的經驗，也能幫助他適應以後男女角色交換的新趨勢。

誰都能看出未來的生活型態，不可能還堅守「男主外，女主內」了，一個和諧的家庭應是分工合作的。現在從女性的出生談起，就得替她看到未來，這不也是父母的愛嗎？

〈女兒經〉⑥

保護她免於遭強暴的恐懼

前幾天發生十一歲女學童被姦汙而死的新聞，眞讓人悲憤切齒！這已經不是性騷擾，甚至也超過了性迫害！

曾聽一對夫婦說，不是不想要女兒，實在是養個女兒太讓人提心吊膽了。這話的確有事實根據。有時看看天眞爛漫的小女孩，眞不知道是什麼心腸的人才下得了毒手。難道只單純一個「心理變態」就能解釋？或許千百年來蹂躪女性的一些惡例，在某些人心裏種下了壞種？

也因此有些父母變得過分緊張，時時灌輸給小女兒「男人都是魔鬼」的觀念；使得這女孩終身把男人當成魔障，影響了她的戀愛和婚姻。事實上對於開始每天要離家去上學的小女孩，父母的確需要多指導她怎樣保護自己，而父母也得特別多注意保護她。但是不必把緊張和憂慮表露在言行上，最好是把這些保護自己的話同時也對男孩交代，讓孩子知道在什麼情況下對陌生人應該有什麼態度。

當然對這樣小的孩子，無論怎樣交代，他們保護自己的能力還是很有限的。父母才是他們最重要的保護人。我很奇怪有的父母竟對子女疏忽到了可怕的程度。十幾年來我經常接到女孩子來信，說她們在幼年時（大都是小學期間）不幸被强暴，（有的是親戚、鄰居，陌生人只佔一部分）回家因害怕不敢跟任何人講。這恐懼啃嚙着她們，伴着她們長大。雖然時間沖淡了，但一旦碰到了戀愛，這淡化的陰影立刻增大增濃，嚇得她們不敢去愛，也不敢被愛。遭到强暴可不像跌了一跤那麼簡單，爲什麼她們的父母居然沒發現女兒有什麼異樣呢？

我絕對反對女性遭到强暴，就認爲是奇恥大辱，以致尋死覓活的；可恥的應是施暴者。然而讓一個小女孩承受這樣可怕的經驗，那是會一輩子戕害她心靈的。父母親除了保護她以外，還要在萬一她不幸碰上時，給她最好的心理治療，讓她歷劫後重新建設正常健康的心理。

我曾經聯想過，爲什麼小學女生一定要穿裙子呢？如果經常穿一條長褲，雖不一定就能防範遭强暴，但起碼也比較適合小孩子愛動的天性吧！

〈女兒經〉⑦

漂亮不是終身唯一要追求的

「美是永恆的喜悅」，我喜歡這句話，但是這種美應是大自然之美，或藝術、文學、音樂等等之美，那才是眞正永恆的喜悅。如果只專注於個人的外表美，縱然浪費了大把的時間、金錢，甚至心力，也無法持之以恆，更不見得有深雋的喜悅。

一般人物質條件夠了以後，我覺得女人都太注重個人的外表美了，而這應是「淵源很深」的。女孩子在剛會走路時，父母親可能就不斷强調外在對女人的「重要」了，譬如把小女孩打扮得花枝招展的，全身從頭到脚都是蝴蝶結。有客人來時，把她炫耀在人前，客人也都能深體主人意，用盡一切形容美麗的詞句來稱讚。有的父母更會用「妹妹，妳好漂亮，好乖啊」來作爲獎勵的語言。

於是「漂亮」從小就是女孩子印象深刻的一句話，這句話在她的潛意識裏醞釀、醱酵，可能成爲她終身唯一追求的東西。如果她眞的漂亮，她會以此自驕；如果不幸她不漂亮，她會自卑、自怨、喪失信心。

我這些年來接到許多女孩子的來信，訴的苦可能只是因爲她眼睛不夠大、鼻子不夠高，或太胖、太矮、大腿太粗、小腿太短等。成熟的人或許認爲這是小問題，但這些女孩卻認爲她生活中最痛苦的根源。延續到成人以後，就是整容、隆乳等辛苦改造自己外表的行爲。

而小男孩從小受到的鼓勵和稱讚，往往是聰明、勇敢等，這兩種不同的「導向」，當然形成男女不同的「自我評價」，以及努力的方向。雖然由於男女有同樣機會受教育以後，女性才能上有了很多傑出的表現，但是一個既漂亮又有才能的女人，無論自己或別人，對她都會有較多的「滿足」感。外表平庸的往往挫折感會比較重，除非她眞正有超人的智慧。

所以，如果希望她活得快樂，請不要把「漂亮」從小灌輸給我們的女兒！

〈女兒經〉⑧

小心眼難侍候

女人的小心眼有時候讓女人都受不了。甚至教育也不能改變。於是有人說「侍候」女主管眞累，也有人害怕在全是女同事的辦公室工作。有這些感覺的人不一定是男性，常常是稍具男性化的女性。

其實除了女主管、女同事，在全是女生的學校或班級也一樣。前些時還有幾位女校的同學來問我，怎樣跟小心眼的同學相處？因爲她們的心既「小」又「多」，太難捉摸了。

曾聽一位男士批評說，女權運動再怎麼喧囂也成不了多大的氣候，因爲女人沒有男人那種做大事的氣度。

女人的小心眼、小氣度當然不是天生的。試從一般男孩和女孩從小在家，或在學校所受的鼓勵或禁忌來看，男孩就是天大地也大的向外發展；女孩則是處處、時時在瑣瑣碎碎的事物中打轉。在小學裏，下課後小男生一哄到操場；小女生頂多在走廊活動，有的幾乎足不出教室。小男生經過一番激烈的發洩後，心胸開朗；小女生幾人一組吱吱喳喳小長舌一陣後，裝了一肚子的張三長、李四短，她那小腦筋說不定就開始爲這些長短在琢磨了。

這樣成長的差別結果如何呢？據臺大心理系楊國樞教授實地在臺北地區小學調查發現，從小學四年級到國中三年級的學生，男生自我接受程度（覺得自己有價值的程度）和自我諧和程度（真實自我和理想自我的相似程度），並沒有隨年齡的增加而漸低的趨勢。但是女生年齡越大，自我接受度越弱，自我諧和程度也越小。

因此把女兒教養成一個氣度恢宏的女性，對她將來的自愛和愛人都有助益。這需要父母重新用新的教養觀點來養育女兒，讓她多接觸大自然，教她看山看水，啓發她的創造力，不是訓練她成個小淑女。

當然，最主要的還是母親的言行模式吧！**女兒是模仿者，一個小心眼的母親很難有心胸開朗的女兒啊！**

〈女兒經〉⑨

自然自在面對異性

小學低年級時，男女生如果坐在一起，桌子中間會畫一條「國界」，侵犯到別國的時候有時會引發一場戰爭。男生不跟女生玩，女生當然也不理那些「臭男生」。我小時母親總讓我男裝，因此女生不跟我玩，幾十年過去了，這一點仍不見有什麼進步。

到了高年級時，由於臺灣的孩子發育得早，再加上種種「文化刺激」，小學的男女生竟也似懂非懂地愛呀愛的了。曾經不止一次地有做母親的跟我談起：怎麼得了！這麼丁點兒大的孩子講的盡是些誰愛誰，誰又不愛誰了，甚至還講些黃色的話，他們懂什麼，不是太讓人擔心了嗎？

由於擔心，有的父母嚴禁女兒跟男生來往，或是警告女兒跟男生玩會有什麼可怕的後果。其實我相信大多數的小學高年級的孩子，眞正不過是在「玩愛情遊戲」罷了。他們是受好奇心的鼓勵，覺得大人那一套很好玩，誰眞「愛」誰啦？父母大可不必憂心，更不必認眞的阻止女兒「談戀愛」。因爲嚴禁和警告有暗示男生跟女生在一起，一定會發生不可告人的「醜事」的結果。我認爲讓男孩和女孩從小很坦蕩的相處，是性教育的一部分。尤其是家中沒有異性手足的孩子，更需要有異性的小朋友在一起玩。**讓他們能用既自然又自在的態度去跟異性相處，在不着痕跡下了解異性，會有助於他們到了青春期面對異性的態度。**

當然也不必特別鼓勵，孩子是敏感的。她也許隱隱約約喜歡哪個男孩子，但父母若熱心過度把那男孩邀請回家，可能會引起她的羞懼。父母用自然的態度最好。縱然聽到女兒和同學之間講「悄悄話」，也裝作沒聽見。關心不要在言行上表現出來，大驚小怪和緊張氣憤都有反效果。有時候她們會把保有那些小秘密看成是很嚴重的事，特別不喜歡父母去干擾的。

高小不久就要進國中了，對孩子來說是一個重大的轉變。女兒會進入一個更「複雜」的環境，她的生理和心理也同樣有複雜的轉變。她對男女之間也會隨着進入國中，而有更多的幻想和憧憬。那麼，先讓她有個健康的心理基礎吧。

小女孩長大了

〈女兒經〉⑩

女兒上國中第一件傷心的事，可能就是從此不再能隨心所欲的留頭髮了。不過還好，她除了這一件以外，會不斷有更多更多的事讓她煩心呢。煩心的事太多，於是也就沒有特別嚴重的了。

依據專家的研究，青春期正好在國中這個階段，有所謂的「第二性徵」出現；這給他們極大的震撼和困擾，影響了他們的情緒以及言行。撫育過國中子女的父母，大約最頭疼這個階段了。乖巧的小女兒會突然變得像「晴時多雲偶陣雨」的氣候，她不再纏著媽媽，反而覺得媽媽煩得討人厭，同學才是她最看重的。她好像有一大籮筐的秘密，媽媽千萬別嘗試去揭開。你如果偷看她的日記或偷聽電話，她會把你當仇人。前一分鐘才笑，後一分鐘就可能淚下如雨。把言情小說裏的愛情當眞的一樣在夢想着，對銀幕或螢光幕上的男孩充滿了渴望交往的心情，而且是很嚴肅、很認眞的。

我常常接到國中女孩的信，大都是不滿父母管教的態度，幾乎是「一口咬定」父母不了解她們，因爲她們無法跟父母談心（其實大都是她們不願意）。總是羨慕別人的父母比自己的好（其實她們才給父母氣受）；而其中抱怨母親的竟比抱怨父親的多，大約是母親照顧孩子生活起居較多，難免嘮叨。

還有很多把自己的缺點誇張成「致命的痛苦」，怪母親沒有好好從小塑造她成爲漂亮的女孩，使她個子太矮、腰太粗、腿太短、眼睛太小、鼻子太塌等等，反正「醜死」啦！

我自己的經驗是：專心聽她訴苦，不必反駁，不必教訓。分享她的快樂，也要專心，幫她保守秘密——譬如不讓兄弟翻她的房間，自己當然更不可；用偸看日記或偸聽電話的方法去了解她，是最笨也最危險最無效的。引導她接觸世界上眞正美的東西，要捨得買書、買畫（畫片、畫本都行）、買音樂。除了生活上的照顧以外，把她當朋友一樣談心，就她能了解的，談母親自己的感觸，喜怒哀樂都能談。**對一個母親來說，女兒是可以成爲知心朋友的。**

〈女兒經〉⑪

偏狹的好勝心

國中的「好班」「壞班」究竟造就了多少人才？毀了多少「庸才」？似乎還沒有研究統計過。儘管「教學正常化」表面上已在實施，但是「好」「壞」班並沒消失。

如果女兒進了「好」班，請當心她變成一個爲成績而勾心鬥角，爲名次而自私自利的女孩。有位明理的母親曾經跟我談過心，她說升上國二的女兒越來越讓她擔心。這孩子因爲成績相當好，在「好」班上也是頭兩名，老師常以她爲例來鼓勵其他學生。雖然家裏並沒給孩子壓力，但是她仍然認定保持頭兩名就是她「神聖的任務」。爲了怕別的同學趕上她，她絕不在人前讀書，表示自己並不用功，但卻在家偷偷拼命。哪個同學要是對她殷勤一點，她就認爲別人是來「刺探」她讀書情形，或是要沾她的光把自己的分數提高一點。

這位母親說她不喜歡女兒這種心態。她不斷努力要讓女兒做一個開朗，同時能關心別人的人。這或許跟每個人的個性有關。有些父母的確不在乎子女的成績，而偏偏孩子自己很在乎。但我相信這位母親的努力多少會對她的女兒有益。

女孩心眼較多，腦筋較靈活，想得較多，這是長處，往往也是短處。但我們養育一個女兒，不但希望她是自己的貼心寶貝，也希望她將來是個快樂的單身女郎、別人的好妻子及好母親（養育兒子也是一樣）。那單憑學校裏的好成績是做不到的。

讀好班，成績好的孩子心頭的壓力常被父母疏忽了。有時師長或父母越是以他爲榮，他承受的壓力越大。十幾歲的男孩關心的，以及有興趣的事物多，發散的方向也多；女孩子卻是不一樣的。那位明理的母親給了我們極好的範例。

〈女兒經〉⑫

討厭的生理期？

大約是兩三年前，我曾問過一些國中女生，贊不贊成男女合班？大多數贊成。但有一個女生憂慮的說：「不過聽已經上男女合班的人說，最討厭的就是生理期啦，一點都不方便。」「對啦！對啦！那些男生最討厭啦！」其他的女孩立刻七嘴八舌的接上來。

「生理期」的初潮，大約是一個女性最初經歷的嚇人事件。以前曾聽說有些小女孩嚇得又哭又叫，以為自己要死了。現代人各種知識大增，也許不再有這樣的女孩。但它仍然是一件惱人的事件。據我所知，縱然是成熟的女人，也很少能愉快的面對。更何況十幾歲的女孩，一方面處理起來笨手笨脚，一方面唯恐別人看出她正在生理期（尤其不能讓同班男生看出來）。而母親下意識對生理期的厭惡，也會影響到女兒的心情。女人因有「生理期」而「不潔」的愚昧觀念，仍存在某些地區某些人的心中。更有些偏激的女權運動者，憎恨女人有這樣「不公平」的生理。這種種都使得「生理期」不受女性歡迎，不管衞生棉的廣告做得多漂亮也改變不了。恐怕只有停經後的女人，才會懷念這讓她煩惱了幾十年的「生理期」吧。

然而女性既然幾十年都不能脫離，就必須從一開始就好好接待這相隨幾十年的「好朋友」。母親可以讓女兒知道這是健康的徵候，不一定要講得像醫生或生理衞生老師那樣詳盡，只要讓她知道它是正常的、女人都會有的，就可以消除她的恐懼。並且指導她如何處理，最重要的是不必强調「生理期」可能有的情緒不適，只要保持身心的清潔愉快，這絕不是什麼嚴重事件，也絕不會影響女人一生的發展。

國中小女生以爲男生會注意這些。其實大多數國中小男生好玩的事多得好，除非女生自己「神色有異」，否則他們才不會這麼心細呢。這件在男人眼中的小事常會困擾十幾歲的女孩，全靠母親來幫忙化解了。當然母親自己先得對「生理期」有正確的態度才行。

不要放棄她

〈女兒經〉⑬

一般說來，從一個中等家庭長大的孩子，如果在國中階段課業上沒太大問題，到十幾歲幾乎都沒什麼機會受到挫敗。但到了國二有了升學班和不升學班的「分水嶺」以後，「好」班的學生可能會像前面我舉例的，產生偏狹的好勝心；而在「壞」班的，可能有混混以及自暴自棄的心理。最正常並且也最正確的應該是「盡其在我」，能讀出什麼成績就接受什麼成績。不過這相當不容易的——要幸運的碰上好老師，不因他們的「壞」而鄙視或漠視他們。然而我覺得父母的愛（真正無私心的愛）、關懷和引導比一切都重要。

女孩子，「混混」也許還不致出嚴重問題；某些性格偏激的孩子自暴自棄到某種程度時，就教人不得不擔心了。從我收到的信件中，最傷害她們自己的行為是「

拿自己的身體去找刺激」。她們認爲反正老師、父母都肯定她們是無藥可救了（成績爛得考不上學校），不如豁出去，落個痛快！曾經有個國三的女孩直截了當告訴我要去墮胎。把我這幾十歲的人震驚得不知怎樣應付。也許這是個特殊案例，但是怎麼說都是事實啊！

儘管强調貞操似乎已不合時宜，然而到目前爲止，這仍是影響女人一生最凌厲的陰影。尤其過早戕害自己的女孩，未來承受的痛苦也更多。

我覺得走錯了任何一條路，都比讀不好書來得嚴重。尤其對自己失掉信心，對未來沒有任何目標，必大大影響一個人終生的生活。有的父母對讀不好書的女兒會說：反正將來要嫁人，算了！這種消極的放棄會下意識的讓女兒也放棄自己，一輩子庸庸碌碌（庸碌絕不同於平凡）。父母只要眞能了解，一定能發現那讀不好書的孩子，也有可以鼓勵和培植的一點。從這方面幫助她，她將來才能做一個快樂的女人。

〈女兒經〉⑭

給女兒也買部電腦吧！

雖然很多女生數學成績不好是事實，但是在未來男女之間究竟會不會發展成另一種型態也很難說。所以這一項「男女有別」的傳統也不一定是「永恒的傳統」了。長遠的未來且不說，拿目前熱門的電腦來說，就得先突破男女有別的傳統。

就一般情況來看，一個家庭裏如果買了一部電腦，大約都是父親和兒子有興趣操作「把玩」。中外似乎都一樣。因此美國甚至出現「電腦寡婦」的名詞。母親大都沒興趣，連帶的女兒也不觸碰這機器。有些母親可能對兒子和女兒玩電腦的態度都不一樣——兒子玩將來會有大用，女兒玩不過是玩玩而已。

但是據專家學者的估計，將來的人無論男女，如果不懂得操縱電腦就可能會被社會淘汰。人生的食衣住行育樂，都跟電腦有關，任何職業都可能需要會操作電腦才能勝任。而男女兩性的工作劃分從現在起，已經越來越「界線模糊」了。可以推想將來女性從事的職業範圍也越來越廣，如果不熟悉電腦一定會遭遇困難。所以從未雨綢繆的觀點來看，不分男女都得早早接觸這未來人類生活不可缺少的東西才行。

我們的中學校還沒有電腦課程。但據我知道很多家庭都已買、將買或考慮要買電腦了。那麼請不要在這件事情上重男輕女。就算家裏沒有男孩子，爲女兒買一部也未嘗不可。母親可以跟着學習，消除「機械恐懼感」。只要用心，諒這玩意兒也不至於永遠學不會。何況據專家說，學會電腦跟數學好不好，並沒有直接的關係。很遺憾的是，中學裏到現在還沒完全由男女學生自由選擇家事或工藝。這種落伍的事實不知幾時才能跟上時代。但在家裏要做到男孩女孩一樣培植是容易做到的。因爲父母愛他們，也比較了解他們，針對他們的性向培植，將來才眞正能發揮他們的天賦，不浪費他們的才能。**讓女兒也學電腦，不僅僅是男女平等的教養，也關係到女兒未來在社會生存的問題呢！**

〈女兒經〉⑮

多跟女兒談心

雖然一般說來，女孩心眼比較小，但是女兒往往也是母親最好的談心對象。如果妳有女兒，請千萬不要錯過這份享受。

讀小學時的毛丫頭也許還嫌稍小了一點，而讀中學的女兒應該可以跟她談談心了。不過，談心不是訓話，談心也不是教導，不是從上到下的垂直線，而是左右可以互行的平行線。

關於母親自己的部分，可以談自己的快樂、憂愁，喜歡的、厭惡的、過去的回憶、現在的計畫、未來的憧憬，甚至自己做的高興得意的事、糗事、鮮事，同時還要有承認錯誤或消遣自己的勇氣。

關於女兒的部分，不着痕跡的鼓勵她談同樣的情緒和經歷；而最好的鼓勵也就是母親自己能自然而自在的跟她談。在女兒能夠敞開胸懷談的時候，母親最好是傾聽，聽到不贊同的不必喝斥或教訓或批評，否則妳就封住了她的心。可以表達妳不同的意見，但要用平等的語氣。只有能夠互相談心的母女，也才能做成知心的朋友。

能够跟母親做朋友的女兒，絕不會成爲「問題少女」。能够跟女兒做朋友的母親，也不會爲敎養子女而頭疼。更大的好處是，妳知道女兒的心，就會了解她的成長過程。她對妳的推心置腹，可以減少彼此因誤解而產生的問題。也會因妳的知心而不必對妳撒謊，也不必等到什麼事情嚴重到不可收拾時，才找父母解決（或偷偷地自己解決）。

事實上，能經常跟女兒談心的父母，已經在不知不覺當中，把對女兒的期望灌輸給她了。等她長成以後連選擇婚姻的對象，可能都不會離父母的理想太遠。

〈女兒經〉⑯

如果萬一不幸

前幾天跟少年法庭陳庭長談到「優生保健法」中墮胎部分；我說未成年的女孩如果發生這種情形，最好能有家長或監護人的同意手術，一方面增加家長的責任，一方面也讓當事人有所警惕（不幸遭強暴的當然例外）。當時陳庭長很憂慮的說：那樣的話，恐怕那些孩子還是去找密醫，因爲她們不敢告訴家長。

我聽了心中一緊，這的確是個事實。雖然桃園有位李先生來信說，他曾親眼看見有母親縱着唸國中的女兒，任她召一羣男女同學在家關起門來瞎胡鬧，玩鬧久了怎麼會不出事。做了未婚媽媽，還要社會大衆來承擔他們遊戲的結果——棄嬰的養育費用，以及缺少正常教養下成年後對社會負面的影響（因此他建議除遭強暴的未婚媽媽以外，應課當事人負相當的刑責，並且對家長課以私生子教養費用）。但是我相信百分之八九十以上的家長，都是盡力防範女兒變成未婚媽媽。一旦聽到女兒莫名其妙懷孕，絕對是氣恨填胸，一頓毒罵是免不了的，嚴重的可能會斷絕親子關係，最「溫和」的大約是勒令兩人結婚。

然而未成年的人結婚生子，會造成更多的家庭、社會，以及當事人和他們下一代的問題。更何況有時會面臨找不到墮胎以外的第二條路可走的絕境。這時候父母氣恨，打罵徒然增加更多的痛苦。與其讓那昏了頭的孩子滿街找密醫解決，不如按下心頭火出面幫忙。這還得等優生保健法通過才行，否則父母也只有找密醫。

全世界年輕人幾乎都讓年長者嘆氣他們對性的態度（會是成年人在做榜樣嗎）；他們越來越早去經歷性關係。「臺灣省家計研究所」調查丈夫結婚年齡在十六到十九歲的，婚前有性關係的比率是百分之七十三。美國西維吉尼亞州「刑法研究所」報告說，美國的「雛妓」越來越多——雖然這是另一個層次的問題，但是讓人憂慮的程度是一樣的。

所以如果萬一不幸發現女兒未成年懷孕，父母親需要的是理性、是關懷、是冷靜的尋找解決的方法。**讓孩子敢告訴你，以免造成更大的遺憾。**

〈女兒經〉⑰

多變的高中年齡

一個女孩長到讀高中的年齡，她多少已了解作爲女性是怎麼回事。家庭和社會要她扮演什麼樣的角色及她能接受多少。她開始脫離國中階段的懵懵懂懂，有時會認眞的思考問題了。但是她跟父母的關係可能也開始變「壞」；因爲受的教育比以前多，知識更深廣，在很多事情上會「一口咬定」父母並不比她懂，她的心思是「不屑於」跟父母談的。

她希望，並以爲自己夠成熟了，還開口閉口爸或媽的，在同學面前是一件糗事。她寧願跟同學討論問題，研究解決的方法，也不願告訴父母。但父母似乎永遠不能接受孩子長大了的事實，結果越把他們當小孩子，他們就離父母越遠。多半的女孩子比較懂事，不一定會當面讓父母難堪，卻也不是打心裏服氣。有些父母可能會爲這種情況氣得七竅生煙，其實這不過是人生成長發展的過程而已。

她們會很認眞的反抗學校和家庭中的不公平、不合理事情，甚至有時還對社會上的流弊做强烈的批判。這時父母的爭吵不再令她們害怕，反會輕視。

在情緒上也是極不穩定；上一分鐘跟一大堆人笑鬧成一團，下一分鐘卻希望誰也別打擾她，讓她獨處。高一時愛上的人，到高二可能發現一點不愛，高三時則討厭得要命！

雖然男孩也有類似的成長過程，不過女性角色由於傳統和現代之間矛盾太多，她們在適應上會有更多的困難。一個家庭裏如果母親過分辛勞，她會下意識裏反抗婚姻。如果父親受壓抑，她會憎恨母親。她們的情緒會比男孩子複雜多了。

不過，以我的經驗來看，**對待讀高中的女兒，寧可把她當作成熟的，也不要認爲她還沒長大**；家裏的事情也可以跟她討論了，並且給她一部分決定權；尊重她獨處的意願，她關上房門並不表示討厭家人；不要一聽到她有男朋友就大驚小怪，把對方的祖宗八代都探聽清楚。有些父親愛女心切，更是激烈，卻往往把事情弄糟了。因爲她們畢竟還沒完全成熟，很會意氣用事的。

〈女兒經〉⑱

幫忙她立志向

凡是受過教育的人，幾乎一定寫過立志的作文，無論男女當然千分之一的人都達不到他立的志向。如果有人統計的話，其中可能以女性在成長後距離她的志向最遠。因爲沒有一個女孩會立志將來當家庭主婦，但這卻是絕大多數女性成長後的終身「職業」。假如她在主婦以外另有成就，那大都是另起爐灶努力得來的。結婚像一道分水嶺，生育孩子又是嶺上最爲崎嶇難行的路；掙扎過這一段路以後，還能記得當年志向的人實在太少了。

也許作文簿上的志向太過於高緲不實際。然而一般來說，男孩子到了高中年齡，有不少已眞正計畫「以後要做什麼」，所以他們能決定現在要朝什麼方向努力，考哪一組；父母也比較明確的支持男孩讀什麼，或反對他們讀什麼。但女孩子呢？

隨便吧，考上大學是一種榮譽——包括找對象也可以找到好一點的，至於讀什麼系有什麼關係，反正將來最終目的是結婚，丈夫有出息就夠了。父母和女孩自己大多都有這種意識。

其實志向並不需大，卻要實際。有了志向，人可以向這方面鑽研。人生會因有努力的目標而大不相同。**結婚生孩子雖會影響甚至中斷志向，但女人的潛力是驚人的，只要志向不失，中斷並不等於放棄。**而志向也不一定非達到不可。努力追求的過程就是一種滿足和快樂。

那些一直有志向並且不曾中斷的女性是幸運的。如果她沒有，那麼幫助她，不要用無所謂來回答她「讀哪組好」。跟男孩子一樣，求知是為了將來能活得更好，不是為了光耀門楣或嫁個好丈夫。

〈女兒經〉⑲

強硬機警保護自己

計程車司機強暴挖眼的謠傳，已到了讓女性喪膽的程度。男女平等可由女性的奮力向上爭取得來，唯獨碰到色魔時，女性仍是可悲的犧牲者。單獨夜行如果「有一個男人走近來獻殷勤」時，保證大都是不懷好意的。

性強暴（早超出了騷擾的範圍）除了無法防範的陌生人外，據外電報導很多是女性熟悉的朋友，甚至情人也會把臉一抹變成魔鬼。美國加州聖塔摩尼卡市強暴治療主任阿巴貝諾爾，研究「約會強暴」和一般強暴之間的差別，發現「約會強暴」多半是受害人熟識的（高到百分之六十到九十二之間）；而在心理的傷害上，這些受害者除了恐懼以外，對朋友的信任以及誠篤都受打擊，心理上受到雙重的創傷。受害人多半是十五歲到二十四歲的女性。

這個年齡涵蓋了初中到大學的階段。爲什麼這些情人會變成魔鬼？在美國華府高中學校舉行的强暴教育課中，很多男生說他們從來沒認爲在約會末了時，强迫女件發生性關係就構成强暴。他們說：「我一直以爲她期待着性關係。」「如果我就這樣放過她，那我眞成了娘娘腔。」

爲了糾正年輕人這種觀念，美國很多高中、大學都開設課目教育學生。執法當局爲積極正視這問題，鼓勵受害人出面報案；更努力減少「約會强暴」及「熟人强暴」在審判過程中，對受害人所造成的難堪及痛苦。

我們國內的年輕人由於生活比較單純，大多數還在父母的保護之下生活。但是不可否認的，年輕人的單獨相愛也越來越自由、方便，誰也不敢說沒有「約會强暴」及「熟人强暴」的情形。我們無法分分秒秒監視他們，保護他們。不過父母和年輕人最好都知道有這種可能性。教育家中男孩怎樣尊重女朋友；教育女兒怎樣提高警覺，約會時不可一味柔順。對有兇器在手的陌生施暴者會面臨束手無策的絕境；但**對於熟人，强硬而機警才能保護自己**。至於學校在這方面的教育，我們不敢抱奢望！

〈女兒經〉⑳

指導重於命令

今天要對高中階段的學生談「該不該交異性朋友」，可能被一些早有經驗的年輕人笑死了。但事實上卻有很多父母還在「耳提面命」：「沒考上大學以前不准交男朋友！」父母對男孩子總是放心得很，認爲反正不會吃虧。這雙重的價値標準，簡直可以說種下了不少未來婚姻的悲劇。保護女兒雖是好的，可是很多過分的保護方法不免一廂情願，甚或盲目不切實際。

「哪個少女不懷春，哪個少年不多情。」若不是由於社會太複雜，不妥的戀愛又會牽扯出太多的問題，青春年少正是談戀愛的大好時光，而且這時期最是愛情豐沛。有些女孩由於交男友受到太多的壓制，就把感情轉向同性，激發出一種像戀愛一樣熾熱的感情，好像是同性戀。不過根據我的了解，很多不過是「假性同性戀」

，事過境遷以後，當年「愛」得火熱的朋友，甚至變得比水還淡了。

我接到的信當中，這個階段的女孩子有不少已經跟男朋友愛得你死我活了。青春年少固然感情充沛，但也極不穩定，更不可能成熟；結果產生的問題就多起來了。這些問題包括從相愛變成相厭，彼此干擾影響了學業且因對自己以及對方的情感沒有把握而猜忌、抱怨，家庭或學校的阻力變成反抗和戒懼兩種互相衝激的力量，以致發生自作多情的苦惱，或是過分放任的留下後遺症無法收拾。

所以我認爲父母對這個年齡的兒女交朋友，最好不要下「不准」的命令；她若眞談戀愛，「不准」等於火上加油。誘導她「打開天窗說亮話」，認識她交往的男性，她便不會再像高小或國中時那樣羞於談到異性了。只要她「敢」談，她會告訴父母她的困惑，而父母若能站在朋友立場給她建議，她多半會自己決定要不要交往下去，也會衡量在這個階段是讀書比較重要，還是戀愛重要。即使是就業的女孩子，也會考慮到感情不成熟時談戀愛或結婚，是不是妥當。總之，**對於高中階段年齡的女兒來說，指導是重於命令的。**

〈變調的母親〉①

「孩子」媽媽

寫了幾類母親以後，有些讀者和朋友告訴我更多不同類型的母親。事實上我們在批判任何一類母親，百分之九十的女人在做了母親以後，都希望能得滿分——至少要能及格。但爲什麼有的女人在心力交瘁、奉獻了一生以後仍然不及格？或僅在及格邊緣（她不滿意孩子，或孩子不滿意她）？有的女人卻看來輕鬆愉快的得了高分。

這樣的結果，依我粗淺的看法大都問題不在孩子，而在女人自己。譬如說有一個（其實是有一類型）女人從小嬌生慣養，父母把她當心肝寶貝養大後嫁了人，婚後稍有不愉快就回娘家訴苦。父母不但不趁這個機會幫助她成熟，反而像她小時候摔了跤就責怪桌子角太尖、地不平一樣把過錯推掉。結果她有二十多歲成人的身體，卻像個五歲小童似的不知道怎麼處理和解決問題。

等她做了母親以後，先怪懷孕破壞了身材，接著堅持剖腹生產，理由是骨盆才不會擴張過度影響美觀。當然她不願自己哺乳，雖然不上班也不讓孩子破壞了胸部曲線。

她也愛孩子，愛的時候又摟又抱，又親又吻。但是如果孩子哭鬧著不讓她上牌桌、逛街的話。她會狠狠的又罵又打，並且連帶著責怪丈夫要她生孩子，要她受罪。回娘家哭訴是她唯一採取的方法，每次得到兒時那樣的慰藉更使她的心理和行爲都返回童年。帶孩子對她來說，是一樁艱巨的任務。每碰到阻礙，她就逃回自己父母的懷抱。

這樣一個「孩子」照顧孩子，結果是誰都長不大。也曾經有年輕的母親來信說，她已經「長成這個樣子（意指不夠成熟）了，怎麼辦？」其實能有這樣省思的人，就已經有了成人的思想。剩下來的是怎樣學習一些處理事情的方法而已，這也包括了學習做父母。

只會向父母哭訴，或把一切都怪罪到別人身上的人更不能認定——我在這樣教養下沒成問題青少年，我的孩子當然也不會。那是不合邏輯的邏輯，因爲我們生長的大環境已然不同了。

〈變調的母親〉②

什麽都懂的媽媽

在民國四十幾年左右出生的人，有不少相當一帆風順。家庭經濟上是越來越寬裕，求學過程中雖然歷經考戰無數，但由於整個大環境的安定，智力加考運可以一路讀上去。父母不願他們再受當年自己受的苦，大都盡力地給。女孩子只要讀書成績好，在家受寵的程度，有時甚至超過男孩。

她們在校成績好，畢業後很多謀到高薪工作，自信心越發的增强，受不了别人的笨拙，包括自己的孩子在內。曾有一個讀國小六年級的女孩寫信給我，說她從讀小學開始，媽媽就釘牢她的功課，卻沒有耐心幫助她。媽媽是留美回來的碩士，每次她有難題請問媽媽時，一定先得到「這麽笨」三個字；如果答案講了一遍她還不懂的話，媽媽就會說：「我小時候那像妳這麽笨！」

媽媽在家好像什麼都懂，包括爸爸的問題，媽媽也會先批評說：「這有什麼難？」而且常常會逼著問：「妳懂不懂？」但是媽媽又抱怨「累死了」「煩死了」「什麼都要我管」，所以她越來越不敢「找媽媽麻煩」。她羨慕媽媽有學問什麼都懂，但相對的氣恨自己總是考不出好成績。對於馬上要做國中生充滿的恐懼，因為媽媽再三告訴她小學沒讀好，將來中學也不會讀好，想進大學更是作夢，這輩子注定沒出息了。

這封信在我眼中卻是寫得十分有條理，完全不是她媽媽說的「笨」孩子能寫的。不過我擔心她媽媽要是再這樣什麼都懂地聰明下去，這個孩子可能眞的要一事無成「沒出息」了。

就成熟的本質來看，像這樣什麼都懂的人，不管他在工作上有多麼優越的表現，卻不能算是完全成熟的人。因為：一、他過分自我中心，只誇耀自己，從不懂得任何人都有不同層次和角度的長處；二、他不懂得社會是由不同的小我凝聚成的大我，天生我材必有用，人盡其才的社會才是理想的社會，只要盡力，誰都不是沒出息的人。

什麼都懂的聰明媽媽，常常教育出畏縮、自卑的孩子，這是一個典型的例子。

〈變調的母親〉③

毫無主見的媽媽

在列舉了「什麼都懂的媽媽」以後，接著想談的是怯懦、毫無主見的媽媽。還是先用一封國中小男生的信做引子：

「我媽媽眞是慈母，她又溫柔又慈愛，可是有時候我又很生她氣，因爲不管我和哥哥怎樣乖、聽話、用功讀書，爸爸好像都不滿意，總是我一些鷄毛蒜皮的事情來責罵我們。這時候我多麼希望媽媽會幫我們呀。還有明明媽媽沒錯，爸爸還常罵她，她只會哭，我好生氣。每次問她什麼問題她都說不懂。」

和「什麼都懂的媽媽」是兩個極端，這樣的媽媽任勞任怨、謙卑怯懦，在某一方面，譬如照顧孩子的飲食起居，她都是無微不至，奉上最好的給他們，因此絕對是好母親。但是在今天的生活環境中，母親要給孩子的絕不是豐衣足食就夠的。一個成熟的女人在做了母親以後，她就會明白自己教養孩子的方法，絕對會影響孩子身心的發展。由於她自己的成熟，她也會清楚母親這個角色的特性。

第一，母親在家絕對和父親地位是平等的，在動物天性的本能上，她會對孩子負起更多的責任，但她不是父親雇用的奶媽和保母。我曾親耳聽一個父親在出差離家前對妻子說：「妳替我好好照顧兒子，要是有什麼病痛，回來唯你是問。」那位妻子正是典型的怯懦而毫無主見的媽媽。自認是次等角色的媽媽，絕對會影響孩子心理的。

第二，要有適度的自信和理性的主見。旅美女作家簡宛曾寫過一篇文章，題目是「你敢管教你的孩子嗎？」的確，在人人嬌寵孩子的今天，「敢」給孩子定下一些家規的父親，是需要勇氣的，而這勇氣就來自適度的自信和理性的主見。

人在成長的過程中，需要合情合理的規範，否則他反而會覺得徬徨。而母親應該是最早的、最能了解的、給他規範的人。**他也許另有崇拜的偶像，另有尊敬的師長，但如果有一位可以給他合情合理規範的母親，成長的過程就會順利得多了。**

〈變調的母親〉④

善變的媽媽

「善變」兩個字用在女人身上，都是負面的形容詞，但是我用來形容卻毫無惡意，只是借來形容有一型的媽媽而已。

年輕人有一句絕妙的形容詞「翻臉像翻書一樣」，我也想借用一下，當然這裏的「翻臉」也不是惡意。

事實上我只想談談，一種情緒極不穩定的、不成熟的女人在做了媽媽以後，她可能給孩子什麼樣的困擾。這樣的媽媽本身很容易受到外界事物影響，而干擾了自己的情緒，同時又不知道怎樣控制或紓解，更糟的是把自己的情緒轉嫁到別人身上。如果她是個全職的媽媽而孩子整天跟著她的話，孩子往往就是她「最方便」的對象。「陰天打孩子——閑著也是閑著」，這句歇後語是最妙的詮釋。情緒不穩定的媽媽常常會造成自己情緒不好、孩子遭殃的情況。

我曾在一本心理書上讀到一個典型的例子，說丈夫在辦公室受了氣回家罵太太，太太挨罵打小孩，小孩挨了打就踢小狗。人是情緒動物，我們或多或少都犯過這樣的錯，但是成熟的人會懂得這種錯不能常犯，犯了會有什麼後果。

做媽媽的大都也有過十分奇妙的經驗，即孩子可愛的時候，自會有摟著他親他吻他愛得心疼的「心動」；但可恨的時候，又有恨不得打他罵他捏他的「衝動」。面對這樣極端組合的生命，一般人是很難絕對情緒穩定的。我自己就曾經在摟著孩子又親又吻時，忽然聽到他們坦白了一樁壞事而立刻勃然大怒，找「家法」要揍他。也曾經在處罰他們時，看到他們無邪可愛的模樣禁不住笑起來，眞是「翻臉像翻書一樣」。幸好我相當的「知錯能改」，知道這絕不是敎養孩子正確的方法。

因此我再三強調一個女人必先要自己成熟，才能勝任媽媽的角色。**媽媽要不斷學習才會越做越好，成熟是學習最需要的基礎**。很高興的是現在臺北地區有一些「全職主婦」媽媽，自己組織成社團，互相扶持成長並學習，也請專家指導，這也是女性的一種自覺。

〈變調的母親〉⑤

怕孩子的媽媽

前文提過，作家簡宛女士曾寫過一篇文章，標題是：「你敢管教孩子嗎？」媽媽在直覺上一定會理直氣壯的回答「當然敢」。但是平心想想，誠實回答，有時候我們眞「不敢」管教——如果我們管教的方法「不流利」的話。

記得我在兩個兒子的小時候訓練他們做家事，的確很用了一番勇氣，因爲他們曾經堅持：「人家同學都不洗碗，洗碗是媽媽漢（和）姐姐的事。」而我也堅持：「家事是全家人的事，全家人都要分擔。」兩個小男生噘著嘴站在洗碗槽邊，萬分不情願的做著大家認爲是「女人的事」。廚房窗外他們的小玩伴一疊聲的呼喚他們出去玩；我告訴兩個兒子，一個辦法是跟同伴說洗好碗出去，另一個辦法是要他們進來幫著洗。

我的堅持絲毫不損我和兒子之間的親情，只因為我成長且成熟到懂得管教是必須的，**家教是培養孩子責任心，而且也幫助他們成長的最大力量**。

說「不敢」管教子女，也許我們都不肯承認，但說「捨不得」管教，那卻是隨時可看到的事實——亂發脾氣、無理取鬧的小暴君；在公共場所大吵大喊、亂跑亂鑽的小搗蛋；認為全世界人都負他的叛逆少年少女；對父母予取予求的兒女，都是父母的心肝寶貝，捨不得管教。

要不然就是過分懾於專家的教育理論，或僵化，或斷章取義，生怕管教的結果傷害了孩子身心。譬如說讚美鼓勵孩子是正確的教育理論，但是過多的或盲目的讚美一定會產生副作用，孩子可能會長成一個受不得半點打擊或挫折的人。

「不敢」管教孩子的媽媽，缺少做媽媽的自信，「捨不得」管教孩子的媽媽，缺少做媽媽的知識，沒有自信和知識的結果就成了「怕」孩子的媽媽。孩子當然還是這樣的媽媽，但是他們也會欺負這樣的媽媽。可怕的是他們還可能變成目中無人、心中無法紀的人，甚至成了社會的罪人。

母愛不應該包容一切，母愛也必須有是非、有原則，不要做一個「怕」孩子的媽媽。

〈變調的母親〉⑥

勢利的媽媽

父母的愛是無條件的，當然！但是人性有基本的弱點，不成熟的人往往讓一些弱點滋生得毫無規章，譬如說做了父母以後，竟會因自己的好惡和偏見，而在不知不覺中成了偏心而勢利的父母。

我們仍然只談媽媽。

據說偏心是很難治的「病」，因爲這像愛情一樣是不能勉强的，縱然同樣是親生骨肉，但有些父母就是會偏愛某一這孩子，可是勢利就是一種很需要調整的心態了，否則對孩子心靈的傷害是相當嚴重的。大約歸納一下我收到的信件，訴說父母「勢利」（當然孩子不敢用這個形容詞）的情況有：

——家裏面讀書成績最好的孩子，他們是家中特權分子，可以免除很多「雜役」可以發表意見，可以得到最多的讚賞。

——成年以後最會賺錢的孩子，雖然父母不一定從他們那裏得到比別的孩子更多的孝敬，但是父母就以他們爲榮。

——最漂亮、嘴甜的孩子，他們像是家裏的招牌，總是他們在亮相，接受別人的讚美和父母得意的愛。

「勢利」的父母除了製造孩子之間的嫉妒，以及條件較差的孩子自卑心以外，更混淆了他們的人生價值觀。以爲必須符合這些條件才是「有價值」的人；他會因達不到這樣的標準而放棄自己，甚至怨恨父母，因爲他是同樣的父母生出來的。

成熟的女人在做了父母以後，會了解並接受每個孩子的個別差異，客觀地發掘每個孩子不同的優點。到底俊美和平凡、聰慧和愚鈍都不是孩子自己能決定的，遺傳加機運造成每個孩子不同，人類的社會也得靠這種不同才能維繫和發揮下去。

如果家裏有了「勢利」的父親，就更要靠媽媽的成熟和智慧來平衡孩子受到的差別待遇。若媽媽的「勢利」甚過父親，那的確是孩子的不幸。一個人將來能不能自尊自重自信，都是父母幫他們奠定基礎的

〈變調的母親〉⑦

把孩子當財產的媽媽

《先知》的作者伯倫，曾經寫過一句讓很多人不能接受的話：「孩子不是你的財產。」但是有的父母就是把孩子當作財產，他們有支配權，孩子自己反而沒有「處理自己」的權利。當然，生孩子的辛苦並不比掙一筆財產更容易。何況這筆「財產」是來自自己的血肉，是自己生命的延續，按理說寶貝的程度是任何財產都比不上的。可是如果眞把孩子當成財產的話，一定會產生幾種心態。

首先就是炫耀。有的父母也許想不到有時候孩子多麼痛恨在人前表演，特別是比較內向的。曾經有個大一的女孩告訴我：「每次回想到小時候被父母拉到客人面前跳舞唱歌的情景，就慶幸總算長大到不受父母擺佈了。當年父母『引誘』我去表演的笑臉，有時竟成了我的惡夢。」

大部分父母會爲了好玩，讓孩子在朋友面前唱歌跳舞。但是他們不勉强孩子，把孩子當財產的父母就非達到炫耀的目的不可。

其次是强烈的支配欲。孩子是人有他們自己的性格（絕不會完全具有父母的性格）、性向、意志、觀念、天賦、好惡，父母的任務是就他們的這一切來教育輔導。把孩子當財產的父母，會像運用他們的財產一樣來支配孩子「成爲」什麼樣的人，不幸這常常是無法成功的。沒有生命的財產可以由主人支配，有生命的孩子卻不行。

然後是期待收回利潤。孩子獨立後，有能力回報父母是彼此的喜悅，他們能做多少父母不計較。大自然的法則是公平的，他們同樣要負養育子女的責任。可是把孩子當財產的父母卻把教養孩子當作投資，多年後如果孩子果然成爲財源滾滾的高收入者，父母欣喜投資得到了豐厚的利潤。如果孩子不幸只是個最平凡的小市民，父母就會把得不到利潤的懊惱加在孩子頭上。

一個成熟的女性做了母親以後，她自會懂得教養孩子這個耕耘的工作，收穫的永遠不是金錢，而是子女良好的品格。

〈變調的母親〉⑧

嫉妒的媽媽

夫婦之間剛有了孩子以後，常常會產生「嫉妒的爸爸」，因爲妻子全部精力時間都放在孩子身上了。但是孩子成長以後，有些媽媽卻嫉妒起來，而且專以女兒爲對象。

曾有一位署名「迷惑而可笑的女人」的讀者寫信給我說，有一天她赫然發現自己竟然在嫉妒那聰明、漂亮、可愛的女兒時，不禁被自己這樣不正常的心理嚇住了。女兒從小就特別受父親寵愛，她丈夫每天一回家就摟住女兒又親又咬的，對她卻有時連看都不看一眼。但女兒畢竟還小，媽媽在女兒心中還是重要角色，因此她也是女兒「纒愛」的對象。現在女兒十幾歲了，樣樣出色，作母親的應該欣慰才對，但是她見女兒還是像小時候那樣跟父親親熱就覺得不舒服；而且女兒不再像以前那樣需要她。見女兒充滿了青春的美貌，活躍在學校和家裏，內心的感受極爲複雜，喜悅、羨慕、妒嫉糾纏在一起，她氣恨自己不像一般媽媽那樣完完全全的接受女兒、愛女兒，她懷疑自己有點精神不正常。

我不知道專家對這個個案怎樣分析，而我認爲這還是媽媽不成熟的性格在作祟。不成熟的人往往弄不清自己扮演的角色特性，所以媽媽會跟女兒爭寵，但是對異性的兒子卻不會有這種心理。不成熟的媽媽對於年華漸老這個事實尤其不能接受，我曾見到有個媽媽堅持要女兒喊她阿姨而不是媽媽，她害怕幾乎跟她同樣高的兒女會顯出她的年齡。當然，老對任何女性（男性還不也一樣）都會造成威脅，只是有輕有重，有人會在心理上調適有人不會而已。

訓練自己成長是很重要的，然後才會懂得夫婦之愛、父母子女之愛各有不同的意義，丈夫不是情人，更不是父親（只有一點點這種成分），就不會要求他像女兒一樣的愛自己。**成熟的人才知道怎樣看待老的現象，從內心悅納漸增的皺紋和白髮，也才能眞正自在的欣賞年輕人，包括自己的女兒。**

〈變調的母親〉⑨

緊張的媽媽

約莫是十年前，我聽到一個傷心的眞實故事：一位年輕的母親因怕孩子受到汚濁的空氣薰染，或吃到什麼細菌生病，所有孩子吃的玩的全都再三煮沸或用酒精消毒；絕不帶孩子搭公車或到公共場所，平時也不讓孩子外出，大都關在一塵不染的家裏。但是這孩子在一歲多時，帶到醫院檢查是否感冒咳嗽，結果卻再也沒回家。據說，是由於過分缺少抵抗力，不知感染了什麼細菌病毒而終於不治。因爲父母不可能讓他生活在無菌的環境裏。

這不是常見的例子，但我想說的是過度緊張的媽媽也許會造成意料不到的悲慘結果。

另一個眞實的故事是：一位高齡得子的父親太愛兒子，事事無微不至的照顧，爲了讓兒子營養好，餐餐飯桌上都把菜挾在孩子碗裏，非要他吃下去不可。最後這個性格比較內向乖順的兒子，竟成了一家精神病院的病人。

過度緊張的父母，也會造成孩子精神上的壓力。

大凡過度緊張的父母，都是惟恐孩子成長中會發生什麼意外，或是老認爲自己愛得不夠。尤其近來一般夫婦孩子生得少，更是戰戰兢兢。曾經有位計程車司機跟我說，他堅持生兩男一女是因爲萬一其中一個發生意外，他還留一個兒子。這種邏輯固然讓人啼笑不得，但卻也反映了一部分父母的心態。

今天一般人物質生活水準提高，對孩子身體上照顧，也許不會有十年前那位母親「生怕孩子髒壞」的顧慮，但是緊張型的父母又把這分「緊張的愛」轉移到孩子心理上去了：「早上罵了他一句，不知道會不會還難過？」「剛才應該誇獎他的，糟糕怎麼忘了？」「他今天放學好像不開心，晚飯也沒吃好，是不是受了委屈？」「買鋼琴的錢還沒湊齊，怎麼辦？他的同學都有自己的琴了。」更有一位母親自責：「我沒讀大學，知識太差，孩子問的我都不懂，我常覺得好慚愧。」

一個成熟的母親決不會經常處在緊張狀態中，她是自在而自信的，孩子自然也會正常成長。

〈變調的母親〉⑩

不像媽媽的媽媽

媽媽應該是什麼樣子？曾經有位小學老師開玩笑地說：「我班上的小朋友只有一個媽媽，因為他們在「我的媽媽」這個作文題中，寫的媽媽都一樣（「我的爸爸」也一樣）。

孩子心中的媽媽的確都有一個「樣子」，超出了那個「樣子」太多，就「不像媽媽」了。記得我曾經舉過一個眞實的例子，有位媽媽為了表示跟她十幾歲的女兒是「朋友」，女兒邀同學舉行舞會，她穿了年輕得讓年輕人瞠目的服裝，然後「活潑奔放」地跟那些十幾歲的孩子一起跳舞。弄得那些半大孩子十分尷尬，跳也不是，不跳也不是，過後孩子評她的樣子是「不像媽媽」。

現在的媽媽無論心情、觀念、外表、行為舉止都比過去的媽媽要年輕得許多。

子也喜歡媽媽漂亮，不用權威，更是他們的好朋友。但奇怪的是他們又不希望媽媽太時髦、太天眞、太招搖、太沒有分寸，尤其是十幾歲的子女，在這方面幾乎是苛求的。如果父母（特別是母親）被同伴批評或嘲弄，他們會生氣，認爲父母讓他們難堪。

做個現代媽媽等於在舞臺上一人兼飾幾個角色，她要像老師卻不是眞的老師、像保母卻不是眞的保母、像朋友卻不是眞朋友、像……。所以如果你把每個角色都演得像那個角色，那你就不像媽媽，但是如果你只演媽媽卻沒有那些角色的成分在內，也不像個現代媽媽。**只有成熟的女性才懂得怎樣調和，也只有成熟的女性才懂得怎樣學習把幾個角色融爲一體。**

當然骨肉親情是一股强有力的黏合劑，「不像媽媽」的媽媽仍然能得到孩子的感情，但當孩子年齡、知識增長到某一種程度以後，她們就不容易得到孩子的尊重。這也正是很多中年媽媽痛苦的來源之一，她們覺得被孩子「拋棄」了。

其實做個現代媽媽也不頂困難，不要被太多的理論嚇倒，不要太急切强迫自己做一個人人誇好的媽媽。不過，基本上必須不斷成長成熟。

〈變調的母親〉⑪

「女強人」媽媽

不要以為只有事業成功的職業女性叫作「女强人」，有些純家庭主婦也是個女强人。她治理一個家眞像治理一個王國，在這個王國裏有種種全家人必須遵從的規矩。當然，她自己更是全力以赴，做到人人誇好的標準。她不允許自己有任何缺點，也絕不讓自己的家人有任何缺點。

她的丈夫和孩子永遠穿得光鮮整潔，連一方手帕也燙得十分平整。她的家可以戴著白手套觸摸任何地方而不沾汚。她掌管經濟大權，買任何東西都不曾吃虧上當。她對家人以及親友的生日都記得淸淸楚楚，而且都不會忘了送一份最合適的禮物，她無論居家或外出，都是一絲亂髮都沒有，連懷孕時也不例外。全家人作息都要嚴格遵守時間，星期假日一定要外出郊遊，誰都不能缺席。

這不是我揑造出來的人物，而是我從讀者來信中歸納出來的一位女强人式的媽媽。看起來眞是理想的典型，但是，其中一位媽媽的女兒在十七歲時成了未婚媽媽，大約有二十幾位丈夫有了外遇，七八位經常服鎭定劑。女强人式的媽媽太累了，也患上了女强人併發症。

一般說來，這類媽媽由於她們嚴格的要求，全力的投入，孩子在上中學以前功課成績不錯，品行也良好。但在人生轉捩點的階段——青少青時期，常會突發一些反常的現象，做出讓父母大吃一驚的事情。等到他們長大以後，有的跟母親感情很淡，女强人式的母親在他們眼中已經不夠强了。

「完美主義者」往往因追求不到百分之百的完美而沮喪、懷疑，嚴重的可能會精神分裂。因爲「完美」太難下定義，也難畫範圍，更沒有標準。每個人都不是一個產品，人是活生生的有機體，單拿外貌來說，同樣的五官，世上就沒有兩個人是完完全全一樣的，連雙胞胎都有些微差別。試問「完美無缺」的人又有什麼樣的標準呢？

女强人式的媽媽，如果不放棄追求百分之百的完美的心態，遲早在身心上都會百病叢生的。

〈變調的母親〉⑫

我們都可以過關

一位朋友在電話裏說：「妳把我這個做媽媽常犯的毛病都寫出來了，妳怎麼摸得那麼清楚？」另一位讀者來信說：「看妳數落那些媽媽，嚇得我都不敢做媽媽了，生怕成了妳筆下其中的一人。」

其實，我能「摸」得那麼清楚，是因爲我也曾犯過，但是我不斷從帶養孩子的實際過程中成長，學習做一個成熟的母親。事實上一個成熟的人並不等於是一個完美無缺的人，她會犯錯，但是知道那是錯的，更重要的是不執著地繼續錯下去。

「爲什麼妳會知道那是錯的？」有人也這樣問過我。這一點我比較幸運，專家要經過研究統計分析，發展出一套理論，而我走了捷徑看到了結果。多年來一些比較失敗的媽媽教養出來的孩子，直接向我投訴他們的痛苦。我很用功的請教專家，歸納出來這些「愛的錯誤」。我們或多或少都可能犯過，但是太嚴重了就會造成很大的影響，這影響會隨著子女一生。去年一則外電報導，美國內華達州一個連續殺了十幾個人的殺人犯柯爾，殺人的動機竟然是年幼時遭母親虐待而生了這樣殘暴的報復心，眞讓人不寒而慄。

當然，中國母親百分之九十不會虐待孩子，可是母親本身如果在性格或觀念上有極端的偏失，養育出來的孩子也很難有平衡而正常的性格。這幾乎是「種瓜得瓜」的眞理。我「數落」那些媽媽，不是在批判——因爲她們今天的性格和觀念會偏失，也是由於她們不幸有位不成熟的母親。我只是期望（包括我自己在內）準媽媽和媽媽能極力避免這種不幸，在看看實際的例子以及吸取學者專家的知識雙軌進展中，做一個成績不錯的媽媽。

還有很多讀者朋友提供其他「型態」的媽媽故事，以後再陸續提出來。但基本上一個「定律」是：「**先做個成熟的女人，然後再做一個成熟的媽媽。**」今天的女人可以選擇不做媽媽的人生，如果做了，就要做一個成績不錯、快樂的媽媽。不過別怕，這不像聯考，我們都可以通過這一關「考試」的。

第4篇 冬：不變老、只變好

提要

走過了人生大半的路程後，皺紋爬上額頭，黑髮逐漸斑白；唯一不變的，是那顆依舊年輕的心。

妳克服了嫉妒別人年輕的障礙，把握了這個再耕耘的時機，過著亮麗的中老年生活——去他的更年期。

人生的冬季，處處散發著一個成熟的女人智慧的光芒。

〈篇頭語〉

第二度青春期

一位朋友半開玩笑的說：「妳的『一個女人的成長』已經長到中年了，『她』該完全成熟了吧？」我說不然，從我接到的讀者來信看來，很多人到了中年，會再來一陣徬徨不寧、情緒煩躁的時期。專家的名詞是「更年期」或「空巢症候羣」，我倒想造一個「第二度青春期」名詞。因爲我發現有些女性也像面臨第一度青春期那樣對身心變化有點手足無措呢。

第一根白髮、第一撮魚尾紋、孩子第一個異性約會的電話、不再準確的經期、別人對她的稱呼升了級、年輕人對她特別尊敬的態度、丈夫對她追時髦的嘲笑等，都會讓某些進入中年的女性心驚。如果她不夠成熟，可能會產生兩種狀況。

一是失掉安全感。在家裏唯恐「色衰愛弛」，對丈夫越來越不放心，釘得緊，查得勤。半輩子為兒女付出，極不願有人「搶」走她的心肝寶貝，所以凡是子女的異性朋友都得防著。

另一是失掉自信心。曾聽有位中年女士對她朋友說，每早洗完臉對著鏡子時心緒低落，直到一層層胭脂花粉敷上後，才開始有信心面對一天的生活。這是外貌上的。職業婦女眼見後浪推前浪，而且年輕女性反應靈敏，比上一代更有機會受高等教育，工作能力似乎更强，中年女性便漸漸沒有自信、畏縮，混到退休算了。

這兩種狀況會有些共同的「症候」，即嘮叨、疑心病重、情緒不穩、用無病呻吟來引丈夫子女的注意、不再上進、過分愛漂亮或過分邋遢、像少女一樣幻想虛無的愛情等。有的中年女性身「患」數種「症候」，有的則一種兩種不等。

然而中年的確是收穫期，成熟的人會享受豐收，不成熟的人則認為無作物可收。如果把中年當成「第二度青春期」，那麼雖也有短暫的手足無措，卻畢竟有了幾十年的人生歷練，展望未來的半生，正也可以好好打點計畫一下。除了體力精力不如年輕時，腦力智力不應輸給年輕人，空餘時間也比年輕時更多些，這正是活好後半生的本錢。

〈二度青春期〉①

家庭主婦的在職進修

艾奎諾夫人出任菲律賓總統以後，政治評論家每評論她的政績時，總會提到她是個家庭主婦這件事。讚揚的會說一個原是家庭主婦的女人能「如此這般」，已經很不容易了；貶的會說因爲她原是一個家庭主婦，所以不能「如何如何」。

但是，一個成熟的女人，如果她選擇了婚姻，決定生孩子，就不會否定家庭主婦的價值。不管她有沒有另外擔任職業婦女的角色，她都會抬頭挺胸，充滿自信的承認她是個家庭主婦。由於她的成熟與自信，會把家治理得適合全家人居住。家人都能成長、快樂、身心健康。由於她的成熟與自信，會使自己的能力得到充分的發揮，絕不自卑、抱怨。卽使她爲了孩子而暫時或長久放棄職業，仍然有一片廣闊的精神天地，絕不落伍閉塞。

在「女子無才便是德」的時代，一個女人的成熟大都要靠生活的磨練，磨到所謂「人情練達」才算成熟。而今天的婦女可以靠廣吸知識而成長，這些知識並不全是從學校得到的。事實上很多高級知識分子處理眞實生活時，卻像個「低能兒」。所以沒受高等教育，絕不影響一個人的成長和成熟。

今天很多行業都重視在職訓練、在職進修，家庭主婦也是一種行業（因此我贊成純家庭主婦應在丈夫的收入中列一份自己的薪金），**也需要不斷的進修**。而且這個行業所需的知識極廣，家庭主婦如果認眞的、有計畫的吸收，就絕不會再有空閒看那麼多電視劇、天天上菜場，或逛百貨公司，或無聊得發慌了。

我曾說過「無知是悲劇的根源」，那不是無的放矢，的確是多年來接觸到的眞實情況。除了感情悲劇大都是性格造成的以外，很多婦女的悲劇是由於無知。

成熟而有自信的女人也不是一天造成的，我看過不少這樣的家庭主婦，她們都是孜孜不倦，並不因爲不是學生、不是職業婦女而懶散下來。知識累積的結果，自然會超越了家庭主婦職業的需要，那麼儲蓄起來，有機會用到的話，就可以另有一番發揮了。

〈二度青春期〉②

「不惑」的單身女性

中年而成為獨身的女性似乎有越來越多的趨勢。一部分是從未結過婚的中年單身女郎，她們大都學有專長，有相當不錯的收入。由於年輕時專注於求學及事業上的發展，埋頭奮鬥，不知時光之飛逝，一抬頭「輕舟已過萬重山」——三十大關、四十大關已然流過。此時學業、事業雙雙有成，才開始關心婚嫁大事（不一定是終身大事）。不公平的事實是，絕大部分中國男士仍然要執著於娶個比自己年輕的妻子，結果很多成熟、能負起婚姻責任的中年單身女郎，就十分不容易有結婚的機會。

另一部分是離婚而成為單身的女性，詹宏志在《趨勢索隱》書中說臺灣近年來「離婚案件高速成長，已經成為社會結構改變的一個暗層活動」。離婚會改變社會結構，這現象幾乎已到了個人力量很難有什麼影響的程度了。這些單身女性比前者多了一些附帶的問題——在事業上的再起步，或加倍努力拓展，因爲她們很可能要負擔養育子女的責任，及怎樣和孩子相處等。

無論是什麼原因而成了中年的單身女性，她們的生活情況大約不外兩種，一是活得還不錯，身心健康，快樂而積極；另一種是正好相反。我想除了有特殊性格的人（譬如說能享受痛苦的）以外，大多數人希望活得好。我曾在請教和觀察之下，發現那些快樂而積極的中年單身女性有些共同的生活態度。

第一是不自我中心，越是不把「我」放在衆人之上的越快樂；第二是不把結婚和再婚當成人生大事，她們自然、坦然的面對單身這個事實，因此別人的「關心」不會造成困擾；第三是雖不自我中心，但卻也不忽視或虧待自己，在能力範圍以內，允許自己享受精神和物質生活；第四是關心自己以外的人和事物，越是能付出的人，越是收穫多，而這四點也正是成熟的特質。

我相信中年的單身女性對未來的社會有舉足輕重的影響力，她們活得好壞還不僅僅是影響自己而已。

再耕耘的好時機

〈二度青春期〉③

中年是收穫季，但收穫並不等於從此不用再操勞、坐在家裏享受，就是最高的生活目標。常見一些孩子已經長成，家庭經濟基礎穩固的中年女性，心滿意足地過著優裕閒暇的生活，相命的也說她們是「好命人」。這些好命人可能每年飛往國外看看子女，帶同一些道地的舶來品。也可能三五成羣逛逛百貨公司，喝喝咖啡，吃吃館子，上上美容院、健身房或純女性的俱樂部。

她們也沒有什麼不良嗜好，當年也曾和丈夫胼手胝足地創業，而自己更兼養兒育女的艱苦。如今難道不該享享福，慰勞自己？但是當有些「好命人」竟然也跟我訴苦，認爲生活空虛無意義時，我就更證實了自己一向很沒出息的想法——物質永遠不能使生命充實。

我也認識一些「勞碌命」的中年女性，她們在不需要爲謀三餐而拼命以後，卻不停歇地、如饑如渴地啃食精神之糧。有一位發誓讀完《二十五史》；有一位打定主意在兩年以內，讓自己的文章能達到見報的水準；還有一位說她非要把電腦搞懂不可；另一位則說她立志把丟了二十年的英文從頭複習，然後她要做個翻譯工作者。人到中年學習意願和能力比年輕多少是差些，所以她們認爲要帶點强迫，才不會三天打魚兩天曬網。

生命的意義以及生活的價值都是因人而異的，但不使它空虛應是一個共同的原則，行尸走肉般的縱使錦衣華屋相信也不是眞快樂。**中年有更成熟穩定的性格，更圓熟的處世態度，更廣闊的見聞，都是再耕耘的好條件**。而且沒有太大的「謀利」壓力，患得患失的心理也就減輕了。如果任由這些好條件荒廢，實在是生命的大浪費，間接的也是社會的浪費。

曾聽一位男士刻薄地批評中年女性：「頭腦空空，滿身俗氣，眞不知她們年輕時的靈氣到哪裏去了？」其實這樣的中年男性也不是沒有，凡是生活空虛的，又怎能凝聚靈氣？看來「好命」也就不能解釋爲「美好的生命」了。中年是收穫季，也是再耕耘的好時機。

〈二度青春期〉④

不嫉妒年輕女人

穩定的生活讓人不大感覺歲月的腳步，「彷彿是一抬頭間，女兒已是亭亭玉立，由於營養好，而且從小讓她習舞，所以她的身材强過我十倍。沒受過生活波折，神采煥發，今年剛考上大學，對未來有說不完的美好計畫。作爲母親，我很高興女兒出落得如此美好。但是反觀自己的半生，當年的窮困使我發育不健全——平胸，加上中年後的凸腹，也沒機會受到更好的教育，雖然努力自修，卻總是缺少更高的學歷。結婚後只忙著盡妻子和母親的責任，我究竟爲自己掙來什麼？不禁嫉妬起女兒來了，我看中年是哀多樂少。」

我反覆讀這封信，想到生命的成長和遞嬗同樣是充滿了喜悅和痛苦，還有徬徨和不安。這位母親的矛盾心情我認爲是正常的，她誠實地剖析自己，正道出了何以很多中年女人在更年期變得那麼反常。她們不一定是嫉妒自己的女兒，卻難免不會嫉妬其他年輕的女性。大多數的這一代年輕女性都比她們的母親有更好的成長環境，無論是內外在，可能都强過她們的母親。

成熟的中年女人會理性地接受這個事實，就算眞有魔鬼要她用靈魂來換取重回青春，她也不會自找痛苦。**成熟的人是展望未來，過好現在的生活，絕不追悔過去**。像這位母親正好可以在子女不再需要她照顧的今天，好好的設計現在的生活（而不是嫉妬女兒在計畫未來），如果外表眞的讓自己自卑，健美操、瑜伽等，都可以幫助自己有一個「美好的中年身材」。

在我們現行的教育制度下，中年人的確很難再獲得學校的文憑，跟年輕人擠聯考的窄門也沒有什麼實質的意義。不如追尋眞正的知識，讓自己更充實、自信。有些心理學書籍告訴年輕人「如何改造自己」，事實上中年人也未嘗不可參考。給自己一些小小的目標，加一點壓力去完成。最重要的是學習欣賞年輕的女人（或獎勵自己，由於自己的努力女兒才有今天的美好，可以使心情平衡），眞正學會欣賞，保證能得到快樂。

〈二度青春期〉⑤

從全職母親退休

據說有些女人在接近四十邊緣時又努力懷孕生孩子，理由是可以排除寂寞，照顧那老來子打發日子，所以她們到了中年還忙著呢。

還有更多的女人服膺「孩子沒結婚前永遠是孩子，永遠要操心」的「眞理」，眞的不等自己閉眼蹬腿前，絕不放棄母親的責任。

這都是母性强烈了不起的女人，但是想想老來子眞能永遠排除寂寞嗎？且不談優生學和人口爆炸等大問題，只單純的想想，子女總有長大離開的一天，而且不必等長大，妳越是想把他們拴在身邊，他們就越是要掙脫了。除了增加生活中表象的忙碌以外，眞正的寂寞，孩子不懂也不會幫母親排遣。何況母女年齡差距越大，代溝也越深。至於那些已成年的孩子，母親越是「盡責」，他們越是嫌煩，所以這樣到老到死都不肯稍稍卸下母親擔子的女人，活得太累了。

中年，子女長大，家事減輕，經濟狀況改善，正是脫下母親職責為自己而活的黃金年華。不要老想著自己是個母親，要想著自己是個獨立自主的人。從「人」的立場來看，有哪些事情可以發揮自己潛能的？有哪些事情是妳以前作母親時想做而沒有時間精力做的？至於子女的事一定要讓他們自己去管理，就是求助於妳的時候也不必全部包攬下來，否則妳就永遠被母親的擔子拖住而不得前進。

母親是偉大的，但必須有退休的年限，從全職母親退休後作子女的顧問就夠了。延續生命並呵護生命的成長、成熟就已經盡了職責。**如果女人平均活六十歲，那麼前二十年是自我成長，中二十年是照顧下一代成長，後二十年必須「還我自我」，人生才不是浪費。**

在逐漸步入後二十年的中年階段，體力腦力都還能保持旺盛，如果只對母親角色戀棧不捨，就未免辜負了這旺盛的體力和腦力，也是一種多餘的、不必要的奉獻。母親是女人的職責之一，不是女人全部的天職（不結婚生育的女人也絕不是不完整），中年可以從全職母親退休了。

〈中年危機〉①

去他的更年期

「更年期」對女性來說，不但是個恐怖的名詞，而且也成了一個被嘲弄、貶斥的名詞。好像所有的中年女人一定會變得嘮叨、多疑、不講理、莫名其妙發脾氣、無病呻吟等。而一個女人無論是不是到了更年期年齡，只要她是如此這般，也就被加上「更年期」之名。於是某些正在這個年齡的女性，就像中了咒似的，非發一陣子「更年期」毛病不可。

事實上很多醫師再三强調，更年期固然在生理上有所變化，但是所有讓自己和別人不愉快的症狀，都是心理不能調適引起的。政大心理系教授李美枝在《女性心理學》書中的一段話十分明白：「如果母性及女性特質是一個婦女的主要自尊來源，她對更年期的反應會比較强烈。反之若個人的尊嚴來源建立在多方面，如事業、工作、社交、服務、娛樂、學習等，則對更年期的反應會較和緩。」而很多醫師的看法也是，身體上稍有不適，可以用藥物來減輕或解除，所以不會影響情緒，心理上的不適才是嚴重的。

我曾聽一位正在更年期階段的女士坦率而又洒脫的說：「什麼更年期！我每天忙得頭一落枕就睡著了。月經不來最好，這個每月一事麻煩我幾十年，現在乾乾淨淨，我更可以計畫做更多的事而不受干擾。最起碼天天能跑步、游泳了，去旅行也方便多了。」

能這樣面對更年期的中年女性，除了生性以外，卻也是長期「修練」而來。這位女士從年輕開始，就在主婦的職責之外，熱切地培植自已的愛好，關心家庭以外的社會，熱愛人生。所以她除了職業以外，還有很多可忙的事物。她的孩子隨著年齡的增長，不但更了解媽媽的世界，並且還給她很多意見和訊息。丈夫也因她的話「言之有物」而頗能和她亦夫婦亦朋友的，相看兩不厭的共度幾十年。

已到更年期階段卻從無準備的人，也許會慌亂徬徨，但是如果在心理上有所了解，現在起步也不爲遲。最重要的是不要相信更年期「一定」會如何如何，要有一種「去他的更年期」的瀟洒，更年期就逃逸無蹤了。

〈中年危機〉②

摀住太忙的嘴

據新聞報導，現在歐洲有很多成年的子女和父母同住，這和以前十五六歲就急著想離家獨立的情況大不相同了。其實在中國家庭裏這種現象並不稀奇，尤其近年來很多女孩結婚晚（自願或非自願都有），已成年並且在社會上工作了，還住在家裏。

我常接到這些女孩的來信，她們比在青春期更「受不了」母親。

抱怨最多的是嘮叨。成年子女的父母都已是中年以上的人，就算母親是職業婦女，這時也不像青壯年時那樣辛勞了。子女長大，職業穩定，她們下班後不必再需要三頭六臂地忙碌，有個女孩說：「我媽現在手不忙嘴就忙了，她非嘮叨到上床閉眼為止。我們家沒有一個人她看得順眼，也沒一件事她看了舒服。」

小時候不敢反抗，現在成年有謀生能力就再也不願忍受母親的嘮叨。但另一方面她們也能體諒母親多年的辛勞，因此就形成極爲矛盾的心理——對母親又同情又討厭，常常影響生活情緒。

而在嘮叨的「事項」中，最多的是女兒沒結婚這件事。有些母親本身婚姻並不幸福，甚至痛悔嫁了現在的丈夫，卻一面跟女兒抱怨她們的父親種種不好，一面又絮絮不休「你不結婚怎麼辦」。

還有個女孩氣極告訴我說：「我現在很同情父親有外遇，像媽媽這樣可怕的嘮叨誰受得了？」

有的說：「不交男朋友媽媽嘮叨，交了她更嘮叨。」

於是「媽媽到了更年期」這句話就順理成章的成立了。於是「中年而不嘮叨」就成了中年女性可愛的特質之一。**要控制嘮叨的嘴先要有開朗的心，再要有充實的頭腦，然後才會有智慧與幽默和家人相處。**

和成年子女同住是一種快樂，他們不像小時那樣事事要你照料，反而可以照顧妳。他們也歷練了世事，可以跟妳談心，甚至分擔妳的煩憂。把嘮叨的時間和精力用來多讀書，多聽音樂，多看藝術展覽，則中年女人仍然可以美麗動人。

〈中年危機〉③

陰陽心態的反轉

「妳說女人沒有更年期，可是我發現自己的確和年輕時不同。倒也不是變得嘮叨多疑，而是越來越不能忍受伺候丈夫的生活。年輕時我願意爲他洗衣做飯，甚至早上喊他起床，怕他錯過上班的交通車。但是現在我討厭他幾十年來好像不但沒長大，反而越來越喜歡依賴我，纏住我，幾乎不讓我有一點點獨處的時間。有時我很想丟開他不管，卻總覺得他可憐而作罷。這是不是更年期的變化呢？」

這位女士信中描述的情境，正是我蒐集「一個女人的成長」中年階段資料裏不算少的現象。我發現越是年輕時花太多時間和精力照顧丈夫的妻子，到了中年越是有這類抱怨。曾經懷疑是夫妻年久情感衰退，或是「物極必反」，經年累月伺候人，久之自然厭倦。但卻同時發現有些中年女性固然不願像年輕時那樣照顧丈夫，竟也不喜歡丈夫對她殷勤，包括性生活在內，她們都嫌煩。

終於我在一九八六年的《張老師月刊》裏找到了學理的依據。有一位專家研究出一份男女生涯發展差異圖，叫做「陰陽反轉圖」。文中指出四十歲以前女性的行爲傾向是：在感情上有更多的歡欣，配偶、孩子、對他人富有感應能力、同情的表達。男人的行爲傾向是：想證明自己的專業或社會優越能力、採取行動、能力自足、自信、競爭。而四十歲以後的女人：更獨立更自我肯定；男人則更富感情的感應及撫育的傾向。《張老師月刊》分析：這種陰陽心態的反轉，應驗了人生圓滿性的假說：「假定一個人缺乏什麼，他總是會朝著那個方向追求，使其圓滿。當一個人滿足了什麼，那麼他一定會掉頭，不再停留過久。」那麼中年男女的「陰陽反轉」也是「其來有自」了。

我們「知己知彼」以後，並不是爭取「百戰百勝」，而是年輕時提早預防，中年後才能互相協調。年輕時爲自我留一片天地，中年後爲丈夫留一份溫情。想想那依賴和纏也是一種愛。雖然有很多自私的成分，卻是多年親密關係的結果。與其消極的嫌煩，不如積極的接受，更可以自己作主做到什麼程度，不必像年輕時那樣全部投入了。

〈中年危機〉④

中年愛情飢渴症

如果年輕時沒有紮紮實實地生活，沒有對自己的生活（包括婚姻）有高度的滿足感，沒有可以讓自己專情、提升精神品質的嗜好，那麼到中年可能會患上「愛情饑渴症」。男性「患者」有較多的機會碰到愛與被愛的對象，有些中年男人也許爲愛而家庭破碎，犧牲了身家性命也在所不惜。女性「患者」則大多數沉湎在幻想裏，寄情在愛情小說和愛情電視劇上，或是三五好友窮蓋瞎聊，語言曖昧甚或葷黃。極少數眞的碰到對象時，發作起來可以比男性更瘋狂。

曾看過一篇報導日本女性生活的文章，說很多日本中年女性渴望有年輕的愛人，有了以後也像男人一樣不惜離婚。我不知道這篇報導眞實性如何，但是近來的確聽到過一些中年女性爲情困擾的眞實故事。

現在的中年女性內在和外表的營養都好，家事減輕，生活範圍也比上一代寬闊，因此大多數都比實際年齡看來年輕。而又由於實際上已到中年，和丈夫之間早已沒有激情，孩子長大也和媽媽不再像小時候那麼親密。如果沒有精神上的愛情，空虛寂寞是逃不了的。

但是中年女人卻極可能嚴重地受到愛情的傷害，沉湎在幻想或空談中，浪費了可貴的時間，生命在無意義中點點消蝕。單身的中年女性，除非有智慧用平常心來處理愛情，否則常因盲目陷入而極端痛苦。中年女人的「婚外情」則常是悲劇收場。其實這也是很自然的事，愛情（或欲念）多少含有生物延續生命的本能在內，中年人的條件當然比不上年輕人。眞正能因欣賞中年女人的智慧成熟而愛她的男人是「稀有動物」，極難碰到。

因此且不從什麼道德來看，爲了保護自己，中年女人對愛情就不能像年輕人那麼瀟灑了。事實上一個成熟的中年女人會滲透這一點，**她們知道世界上雋永而深刻的精神享受，絕不單純只是男女之間的愛情**。而精神的提升一定可以淨化欲念，使得中年生活充實而美好。如果碰到愛情，請記住用平常心來處理。

〈中年危機〉⑤

好得沒話說？

「突然，我不知道怎樣面對丈夫而不覺得不自在。我們共同生活了二十多年，當么兒也離家以後，餐桌上只剩我們兩人面對面，沒有孩子講話，我們也沒有了話題。起初還談談對孩子的掛念，但是談久了也不再有意思，兩人話越來越少，終於有一天一頓飯吃完了我們竟沒有人說一句話。我開始有點緊張，直覺得夫妻這樣冷淡是不對的，可是我越想找話題卻越找不出來，就渾身不自在起來了。我很擔心，難道我們就這樣相對無言的度過餘生嗎？」

一般的家庭就像一粒棗核，兩頭尖，中間圓大。由夫妻兩人開始，繁衍撫養一些孩子以後，又回復到夫妻兩人，但新婚時的「核尖」和中老年以後的「核尖」是大不相同的。單就談話這一點來看，新婚時的無話是「無聲勝有聲」，中老年時無話就是寂寞無奈，更會產生像這位中年女士的心情——怎樣面對同樣無話的丈夫。

無話可說並不表示夫婦感情不好，通常中年男人在家話就不多。他們或是因爲工作忙累，回家需要徹底休息，或是有自己個人的嗜好，喜歡獨享鑽研的樂趣。

但中年女人如果二十多年的生活重心只是撫養孩子，現在重心一失，就等於掏空了這個女人的全部，因此不談孩子就無話可說。其他時候還好，總有些瑣瑣碎碎的事做，晚飯後又有電視可以救命，唯獨餐桌上兩人非面對面不可，這時更會感受到無話可說的壓力。

若生活內容貧乏，則搜索話題自是苦事，無中生有得花多少力氣！所以根本問題還是充實生活。水庫有水，龍頭一開自然會源源流出。因此，怎樣把中年夫婦的親密度維持不冷不散，就需要女人運用成熟的智慧來觀察、分析，謀求對策改善了。

中年媳婦

〈中年危機〉⑥

很多中年女人正在慶幸孩子長大可以鬆一口氣的時候，忽然發現她們要重新面對「媳婦」這個角色而難以適應。這些女人大都是結婚後立刻，或幾年後就過小家庭生活，一直是當唯一的「主」婦，掌家中之權。雖然也有公公婆婆，但公婆那時還是中年人，有自己的配偶和家庭，媳婦的責任不重。

一旦入了中年，公公婆婆已老，若其中一位過世，照顧留下的老人家當然是兒媳這一代的責任了。有的會把老人家接來同住，媳婦當然比兒子有更頻繁更密切的機會跟老人接觸。如果是公公還好，若同住的是婆婆，就應了「一個家不能有兩個女主人」的警語，情況嚴重的甚至鬧到家人感情惡絕，家庭碎裂。

不少中年媳婦抱怨，說年紀一把了還要忍受小媳婦似的委屈，絕不能接受。有的責怪丈夫窩囊，那麼大的人還要受母親的控制。有的氣憤婆婆來同住後，逐漸奪取了掌家大權。總之，原本平靜的小家庭，就因多了一人而風波迭起，雖然這人是有嫡親的血緣關係。

這是中年女人這個階段的「情結」之一，養兒育女辛苦半生仍然不得將息，又套上另一副擔子。何況照顧老年人絕不像照顧孩子那麼有趣，更何況這個新「入侵者」還有奪權的可能，於是先在心理上就有千百個不樂意。

但是**任何事的苦與樂都在一念之間，這個「念」可以左右人的心情和行爲**。有一個聰明的中年媳婦在了解婆婆來同住是不可避免的事實後，她主動的繳出家中大權，處處尊重婆婆，但卻不放棄個人生活的自主權。她開朗而誠懇，並且堅定地告訴婆婆他們小家庭的生活習慣（也在事前和丈夫做了徹底的溝通），其中包括了她自己出外進修及休閒的時間。剛開始婆婆不能完全接受，但媳婦給了她足夠的尊重和權力，婆婆漸漸明白全盤接受是最好的。

這是一個成功的例子。中年女人只要想想，自己不久可能會走上和婆婆類似的路，（在最近的將來，女人的路相差不會太大），就會平心靜氣的就自己的情況，和婆婆、丈夫，及孩子共同商量一個最適合自己家庭的辦法來了。

〈中年危機〉⑦

遭遇極大悲苦時

早已把「中老年時遭遇極大悲苦，要用怎樣的態度面對」，列在「一個女人的成長」中了，但是我萬萬想不到竟然要在自己親身歷練以後來寫。經過極大悲苦衝擊後，最難恢復的是腦子的組織能力，所以這篇文章難免有語無倫次，甚或辭不達意的毛病。有些極深極深的感受，是文字和語言都無法表達的。

專家調查過，對中國人來說，喪失子女造成的心理壓力佔第一位，平凡的我怎樣衝破這壓力再度面對現實？我無法描述那掙扎之苦，但我和丈夫的確衝出來了。

首先我把自己「置之死地而後生」，我想五十年一百年後，今天地球上的人還有多少是存在的？人離開這世界只有早晚的不同而已。朋友在淚眼相向時告訴我一個故事：一個婦人求佛救她垂死的母親，佛說你去要三粒芝麻來，但必須要那人家從來沒死過人的。當然，婦人空手無得。莊子的「方生方死，方死方生」讓我了悟大自然的運轉，人絕對無力左右。

其次是用「以毒攻毒」的土法療心傷，多讀多聽多看人世間悲苦的事實，知道自己絕不是世上悲苦第一人。就不會有憤恨，有不甘，有不平。心上的傷口彷彿用鹽「殺」過一樣，慢慢的癒合。當然，疤痕永不會消失，悲慟是一輩子的，但可以面對剩下的人生了。

最後要强調的就是我常談的「讀書」，除了親情、友情的支持以外，書是一股極大的力量。可以從不同的書裏得到徹悟、認同或安慰，可以隨時握抱在懷，可以對它沉思或痛哭！音樂則可以加强心靈紓解的力量。當然這些都純是我個人的經驗，也只是釋放心靈痛苦的方法之一。

中老年遭遇極大悲苦時，和年輕最大不同的可能有兩種極端現象：一是把年華逝去的哀傷加上去，結果把自己壓到崩潰；一是經過生活歷練後的睿智和豁達，使人生境界更提高，後者就是成熟。

特別要提的是，我雖遭遇到人生的極悲極苦，仍然要說是個幸運的人。因爲除了親人和友人以外，還多了很多讀者和觀衆的關懷和支持，我要把對他們的感激化爲對上天的感謝。還感謝有個「浪漫與執著」的好兒子——雖然他早走一步。

〈白髮吟〉①

計畫面對老年

無論人們多麼清楚每個人都無法逃避年老（如果他不夭折的話）和死亡，但能夠眞正坦然面對的人的確需要成熟加智慧才行。

前些時讀到一篇報導美國整形外科大受歡迎的文章，據美國整形外科協會統計，在一九八一到八四年間，整形外科手術件數增加了百分之六十一。單單在八四年內，有兩千七百位合格的整形外科醫師，爲四十七萬七千人動人整形手術。雖然去整形的人男女老少都有，但中老年人（尤其是女性）還是佔了絕大多數。儘管醫師們坦白的說，最好的拉皮手術也只不過保持八到十，然而人到中老年以後能在外表看來年輕一兩歲也是「好」的。

老美不諱言他們做了拉皮手術，會增加自信心，增加活力。如果在中老年期眞能「由外而內」鼓舞心情，那麼整形的確也不是什麼「可恥」的事。據說十月裏有不少華僑趁回國參加慶典而順便整形，因爲國內技術好，價格廉。但是「整頓外表」只可列爲面對老年的計畫之一，不能當成全部。眞正的、踏實的自信心和活力仍然要發自內在，十年八年以後，衰老的皮肉會再鬆弛，但踏實的自信心和活力（心智方面）卻能有增無減。

每個人面對老年都會有不同的計畫，我個人覺得有幾個重要的方向：第一，充實內在，永遠不要停止求知，而且要如饑如渴。年輕人偶爾停頓還有時間和精力追趕，中老年人卻不同了。知識可以啓發智慧，智慧可以讓人活得更好。第二，充實錢包，年輕有充沛的體力經得起吃苦，老年貧窮不但自己受罪也會拖累別人。對已成年的子女不必再無休止的經濟支助，要合理的爲自己規畫養老金。第三，充實友誼，老朋友多連絡，新朋友不拒絕（當然不是濫交）。朋友在人生的每個階段都重要，老年尤其如此。第四，充實熱情。冷漠是寂寞的病根，熱愛人生，關心別人，越老越不能冷漠（但不是囉嗦）。

眞正不怕老的人，就是能計畫面對老年的人。老是逃不了的，不怕老也好，不服老也好，只是一種心態，必須有行動配合才行。

〈白髮吟〉②

做喬木，別做菟絲花

郭立誠女士前幾天在「聯副」上談到「高齡獨居的條件」，對上一代女性來說也許不容易，但是對大多數這一代受過教育的女性並不難。因爲實際上只有兩點：精神上和經濟上的。精神上郭女士早把自己「包裝」成一個讀書人。因此除了好好念書外，心無任何負擔。經濟上郭女士在年輕時便決定將來不依賴小孩，生活簡單也是爲現在（老年）打基礎。有足夠的獨居能力，獨居的精神意識，不是菟絲花，是喬木，將來更老也不怕。

這番話值得所有將老未老的女人牢記。當然在傳統的中國文化倫理上，三代同堂、老少同居是完美的，但時代的趨勢（工業化）、現實的環境（居處狹小），都使得這傳統越來越不容易維持。更何況女人長壽，獨居的機率比男人更多，如果沒有獨居的能力和精神意識，變成一株「老菟絲花」是很可能的。

去年底「灰髮浪潮」襲擊所有的大衆傳播媒體，專家學者紛紛發表專論，其中有一項幾乎是世界性的趨勢，就是老人盼望和子女同住，年輕的一代卻不再嚮往三代同堂。日本曾抽樣調查了三千人，結果和我們類似。輿論呼籲政府能規畫一個兼顧我國孝道傳統，又能因應現代家庭價值觀念的老人福利政策。但是合衆國際社又曾有過一篇特稿報導，美國在本世紀末可能會由於社會補助制度取消，導致老年人的自殺率增加。先進國家的例子擺在那裏，看來老人還是要自求多福才行。

因此，**精神和經濟絕對是決定老年生活是否愉快的主要因素，其中精神又重於經濟**，否則就不會有那麼多不快樂的老富翁、富婆。物質生活越簡單越好，精神生活則越富足越好。一個沒有職業的女性，終生爲丈夫孩子奉獻，在過了中年面臨老年時，尤其要在這兩方面早做準備。即使不是獨居，也不能有菟絲花的心態，要做一株喬木才是不拖累別人，受人歡迎的老年人。

不少中老年女性用很多時間金錢來防範丈夫外遇，依我看不如用來準備這兩大項目更有益呢。

〈白髮吟〉③

亮麗的老年生活

老和灰暗、陳舊常常連在一起，身心以及生活環境似乎都脫不了這類的形容詞。

好幾年前，有一位太太抱怨她丈夫六十歲以後就不愛洗澡，弄得滿屋子都是異味。女人可能比較不怕洗澡，但上了年紀的女人很愛藏東西，東塞一團紙、西塞一塊布的全捨不得丢。

老人不好意思穿色彩鮮艷的服裝，認爲不夠穩重。老人住的地方家具顏色大都是「古董色」，牆壁已看不出是灰還是黃，燈光總是黯然，四處是發黃的老照片。住在這樣環境裏的不一定是貧窮老人，只是老人大都喜懷舊，甚或是懶得搬動調整。於是越住身心越灰暗、陳舊，使得年輕人怕走進這種環境，怕搭理老年人。

其實老年絕對可以生活得亮麗而有生氣的，單說外在吧，首先要身體乾淨，經常有肥皂香，比什麼香水都好聞。其次是不要怕穿色彩鮮艷的服飾，只要剪裁端莊，老女人一樣漂亮。住處在經濟許可下，經常粉刷一新，流行的家具誰說不適合老人？燈光輝煌會使膚色都美好起來。用不著的東西大刀濶斧丟棄，幹嘛捨不得？這一輩子大約都用不到了。活了一把年紀當然有很多東西是曾經附著感情，丟不掉的話不妨收在櫃子裏，別擺在眼前老提醒自己。再得意的過去也是過去，不管未來的日子是多短，只要過好每一個今天都强過追憶一千個昨天。不斷在生活中創造新鮮，如自己揑個陶器作擺設、繪幅畫掛掛、拍幾張照片點綴、養盆花爲室內增色、經常把家具換換位置等，有時不需要花多少錢，全看有心無心而已。

而這有心就是內在的亮麗，只有坦然面對老年的人才能有這樣的心，只有經過計畫的老年生活才能做到。更需要强調的是只有受過教育、能獨立自主的女性（主婦也一樣）才能在老年過這樣的亮麗生活。所以無論是教養我們的女兒，或女性自己，隨著成長的過程，都得有長程計畫才好。**計畫的逐步實現可以充實安全感，安全感是老年最需要的。**

〈白髮吟〉④

老而可愛

「光陰都不夠用了，那裏還有時間寂寞。」這是文壇前輩蘇雪林女士說的話，眞好。做爲一個現代成熟的女性，進入中老年以後，要推翻傳統幾個老人的模式：

•老而無知——如果因年齡的增長而停頓吸取知識，在眞正「日新月異」的時代，用不了多久就跟時代脫節了。知識不但是充實自己，也是和別人溝通的管道，一個老是咀嚼「陳芝麻爛穀子」的老人，眞的是「面目可憎，語言乏味」。別人也許會由於習俗而尊敬你，但不會喜歡你。最近曾和幾位年長的朋友聚談，她們知識之豐富言語之風趣，眞讓人從內心喜歡她們。

•老而頑固——有位朋友前些時因工作和一羣老人相處一陣，她感慨的說她是很尊重那些老人，但是她有點受不了他們的脾氣。她懷疑年輕時小氣的人老了更小氣，年輕時固執的人老了更固執，年輕時不講理的人老了更不講理。慈祥和藹通情達理的老人固然不少，但老而頑固的確實也常見。成熟的女性在有計畫的進入老年以後，應該可以靠自己的修爲，不變成老頑固。

・老而無聊——傳統的女性在子女長大後，自己就像完成了人生責任似的再也無所事事了。過去的大家庭還有孫輩讓她忙碌或陪伴她，現在的小家庭孫輩不是在托兒所，就是媳婦自己照顧，都輪不到她了。老若沒有精神寄託，沒有事情忙，就不但自己無聊，也是別人眼中「無聊的老人」。人一無聊就問題叢生，甚至包括自殺，據統計臺灣地區從民國六十四年到七十三年間，六十歲以上的老人自殺比例占百分之四十以上。

大多數的現代女性受教育的機會多過上一代，這是最該好好把握的本錢，要利用這本錢好好經營我們的生活。

〈白髮吟〉⑤

請多管閒事

在小家庭盛行的今天社會裏，人老想管管家裏的閒事都不一定有機會，那麼何妨把觸角伸到家庭以外多管點社會上的閒事？

晨起運動時，管管運動場所是不是整潔；上下公寓樓梯時，管管公共樓梯有沒有垃圾；社區的孩子如有「鑰匙兒童」，能不能幫幫忙？閒雜人等進出社區或公寓查問一下，對門居而彼此不相往來的能不能設法拉攏？住家環境污染，噪音過多，可以共同改善嗎？沒事逛街時發現不合理的地方，寫信地方政府等。只要稍稍留意一下，可管的閒事多得很。老年人多的是時間，也有一份閒散的心情，只要不揭別人隱私，大小閒事都能管。

不能成熟地面對老年的人，一旦成了「老人家」就自己萎縮下來，人還沒離開這世界，心已經封閉了。最近這幾年老年女性才逐漸有少數人開出一小片「自己的天空」，也跳韻律舞，也做健身操，但這片天空還是太小，只有自己。以今天老年人的健康、時間、金錢等水準來看，實在可以把這片天空更加擴大。

前幾天「萬象版」刊出一羣可愛的老人義工打掃墓園的圖文，使人印象深刻。雖是人人已進入生命的黃昏時段，卻不避諱墓園，這是何等開朗的心胸！因此他們充滿了熱忱，做各種義工，也就是積極的、踏實的多管閒事。

當然，好管閒事和各人的性格有關，甚至也和民族性有關，西方人顯然比我們愛管閒事。據說德國有些老太太專愛管教一些不守公共秩序的孩子或青少年，人家也有雅量接受。我有次不過勸一個孩子別把糖紙丟在地上，就遭他媽媽一雙白眼。

但到老年還能熱心多管閒事的，顯然是對人生還有好奇心和熱忱，這樣的人無論身心都比較健康。讓仍然在職業崗位上的努力於他們的專業，從崗位（包括母親的崗位）上退下來的人則多做些義工類服務社會的事，我們居住的環境品質會因老年人的多管閒事而更好。

「養老」應不是被動等著別人來養，對生活了幾十年的人間也要主動付出關懷。所以老了請多管閒事。

〈白髮吟〉⑥

活在現代

在金馬獎國際影展放映國片「小白菜」的那晚，很難得的見到一些中老年婦女觀衆，在幾乎全是年輕人「佔領」的電影院裏的確少有。李麗華的時代有中老年女性青春和愛情的歲月，面對著聲光影像俱已不佳的影片，勾起時光飛馳、生命短促的嘆息是不免的。但過去的歲月縱然再度放映，也都聲光影像模糊難以辨認了，偶一回味無傷，經常沉湎就太浪費生命啦。我很欣賞一位自稱「老天眞」的女朋友，她最愛看科幻電影，及一些描繪未來的書籍和影片。她就是因爲自已將來不能身歷其境，才更對未來充滿了好奇心。

不但對未來好奇，對現在更不排斥。她接觸現代的文學、藝術，甚至流行的服飾，探討所謂「青少年次文化」，總是那興致盎然的像她自已說的「活在現代」。

她和已上大學的女兒一起去看電影「異形」「最愛」等，討論得比年輕人還熱烈。

家裏訂了好幾份報紙雜複，她說退休以後規定自己每天寫點生活感想，大都是關於現代生活中的所見所思。「保持腦細胞的活躍，及思想和觀念不落伍。」她說。因此她也關懷現在生活的環境品質，常是她和家人的話題。

「活在現代」的確更是中老年人要把持的原則，因爲人到中老年即使曾經有過輝煌成就的，現在也已經過了烈日當空的時刻，剩下的日子當然益發的「日薄崦嵫」。大半生都平平凡凡的，此時或可能有「壯志未酬」的遺憾，都一樣會有緊抓住歲月尾巴的掙扎。不是無暇顧及現在，就是敵視現在的一切。就像有些年輕人只追求天邊雲彩而忽略了身邊的美景一樣，老年人若只同味過去而忽略了身邊現有的，都是生命中的損失。

只有「活在現代」，接觸現代的，了解現代的情況，才不會偏激、處處有格格不入的痛苦和困擾。時代的趨勢絕不是個人的力量能扭轉的，社會的變遷背後有強大的力量，凡是不能適應的，大都會引起很多身心的併發症。讓我們在黃昏時活得更愉快的方法，也就是在現代生活中能適應得很好。

〈白髮吟〉⑦

謝謝大自然的安排

朋友和我談起前兩天她在《華盛頓郵報》上讀到的一篇文章，重點是說男人沒有顯著的更年期（停經），在中年時對安排及決定如何應付生命中這段時期更加困難。文中作者提到一位已過五十歲的男性朋友，剛安頓好離婚生活，繳完三個孩子的大學學費。現在因一個年輕女性進入他的生命，他為要不要再生孩子，再重新安排一次他已經結束的那一段生兒育女的「生命週期」（Life Cycle）而困擾。

女性則因為有明顯的更年期，不至於在停經後還為要不要生育而煩惱，她可以「順理成章」的安排中年生活。

「因此，」朋友說：「妳可以建議你的女性讀者，好好掌握自然對女性的安排，度過穩定的中年生活。」

所以任何事都沒有十全十美的，女人在結束了幾十年的「可生育」期限後，大自然讓女人清清爽爽再過幾十年無牽掛的生涯。

其實這只是從兩性不同的生理狀況來看，是另一種事實而已。**只要是心理成熟的女人，她們在中年進入老年的階段，正是一生最快樂的時光。**太老了可能會受病痛折磨，而此時全身各項機件也大都還運行良好，頭腦清楚，判斷力尤勝過年輕時，累積幾十年的權力也可以作主某些行動，她們常常更能爲自己而活。這些快樂甚至也延續到老年階段，可以看見一些眞正活得好的老年女性。

男人在模糊不清的「生活週期」中，需要有更大智慧才能安排好生活，否則一定給自己帶來困擾，也很可能製造更多的家庭，甚或社會的問題。

而女人「按部就班」的生活週期實在在給了女人很大的幫助，謝謝大自然的安排。

〈白髮吟〉⑧

可貴可喜的零點九

國立空中大學今年正式成立，據統計有近八萬人領表，三萬六千多人報名，錄取了兩萬零七百五十七人。我手頭還沒有最新的年齡統計資料，不過七十四學年空大試辦選修科目上學期統計資料顯示，六十歲以上的學生佔了百分之零點九。這「零點九」的學生中又有多少是女性我不知道，但「家管」職業的竟也有百分之七點五。

從這些數據看來，可以確定有一些「老女人」正孜孜不倦的活到老學到老。並且選擇了這條並不容易走的學習之路，和佔百分之五十五點六的十八歲到三十歲的青壯年同學一同學習。如果專家研究證明人的學習能力以二十五歲左右最高，那麼這「零點九」的中老年人勢必要眞正花功夫苦讀，才能不會落後太多。

幸好學習本身充滿了挑戰的樂趣，和充實的成就感，因此常在報導上看到，凡是「超齡」的老學生，幾乎都是全勤、不遲到、不蹺課，成績也往往不輸給年輕人。

讀空大當然只是求知的管道之一，而且還有科系不合自己興趣的問題在內，不過有系統有壓力的學習會有更好的成績是一定的。最近常有些中老年的讀者和我談到學習的問題，因爲她們實在太閒了，想學點什麼打發時間。

用學習來打發時間，首先就沒給自己壓力，成了可學可不學的消遣，當然也不會有成績。沒有成績就沒有學習的成就感，也會減弱了學習動機則一定學不會、學不好，這是環環相扣的。

如果決心要「學會」或「學好」什麼，可以有計畫的去當學生，有老師，要交作業，要得分數，要有成績。所以這不是打發時間，是用時間充斷自己。

最近很多人說「樂在工作」，對已從工作崗位退下的人、沒有工作壓力，不妨打出「樂在學習」的口號。**學習的樂趣除了挑戰和成就感以外，更會使老年生活充滿了「不斷有新發現」的喜悅。**何況在當學生的過程中，還可以交到新朋友，那也是老年生活中最可喜的事情。

〈白髮吟〉⑨

讓位給別人

「因爲，什麼是死去，不就是要赤裸的站在風中而熔入太陽嗎？停止呼吸又是什麼？只不過是把呼吸從它不息的潮汐中解放出來，以使它能夠上升，擴展，而無牽掛的尋找神？」紀伯侖在《先知》中這麼說。

「花不常好，月不常圓，人類生命也隨著在動植物界的行列中永遠向前走著，出生、成長、死亡，把空位又讓給人——活像一個旅客，乘在船上，沿著永恆的時間之河駛去，在某一地方上船，在另一地方上岸，好讓其他在河邊等候的旅客上船。」林語堂在《生活的藝術》中這麼說。

「一個女人的成長」，按照生命的程序，該談到向這世界告別了。先摘錄兩位有智慧的人對死的感述，我特別喜歡林語堂的這段話，**死不過是把位子讓給別人而**

已。因此一個成熟的人在心理上面對死亡。應該是瀟洒而寧靜的，沒有恐懼，也不必緊張，更何況絕沒有人能佔住位子不讓。如果生命眞有輪迴，某年某月某日某時我們會在另一個地方上船。向親人好友揮揮手，雖然眞的帶不走一片雲彩，但如果我們的確活得充實快樂，那麼帶走的豐收和喜悅，也就夠我們冥冥中咀嚼回味了。

倒是身後事要麻煩還沒下船的人料理，是必須先交代的。對於這種留在世上最後的一件事，各人有各人的要求，我自已對進殯儀舘深痛惡絕，也不願在擁擠不堪的地球上佔幾尺墓地，既然讓位給別人，就讓得乾淨淸楚而徹底。到目前爲止，我希望把可用的器官捐出來以後其餘的焚化，骨灰撒向我深愛的大海，但是保護環境的朋友說會汚染海水，我希望到那天會有更好的辦法。原則上是絕不製造噪音和汚染，這臭皮囊如能像科幻影片中那樣，一陣烟後全無痕跡，就眞的不亦快哉了。

「一個女人的成長」寫了整整三年，雖然不斷有讀者說喜歡，說贊成我的看法，其實我深知我不能影響已成年已定型的人，這些喜歡和贊成的只是早就和我有同樣的看法和想法，我們早就算是知己了。我只期盼還有可塑性的、將來要塑造下一代的女性，能像我們這些人一樣成熟，活得充實而快樂，那就眞正落實到男女平等的境界了。